CŒLO
MVSA
BEAT

INSTITVTION
HARMONIQVE
Diuisée en deux parties
En la premiere sont monstrées
Les proportions des interualles
harmoniques,
Et en la deuxiesme les
Compositions d'icelles.
Par
Salomon De Caus
Ingenieur et Architecte de son
Altesse Palatine Electoralle.
A Francfort en la boutique de Ian Norton.
1615

A LA TRES-ILLUSTRE ET
VERTVEVSE DAME,
ANNE
ROYNE DE LA GRANDE BRETAIGNE.

Adame,

L'HONNEVR & amour que voftre Maiefté porte à cefte diuine fcience de Mufique, ma fait penfer, que peut eftre auriez aggreable
de voir ce mien petit oeuure, ou font demonftrees briefuement en
la premiere partie, les proportions de toutes les confonnantes Muficalles, autant que
l'humaine nature nous en peu donner congnoiffance, car à dire vray puis que ladite
fcience eft recongneue eftre diuine, ce feroit trop de prefomption à nous d'en penfer
limiter les iuftes proportions, la Geometrie, Arithmetique & perfpectiue, font fciences certaines, ou les demonftrations font tant euidentes, par la raifon, comme auffi
par le fens, qu'il ny peut auoir aucunes controuerfes aux demonftrations faites par i-
celles, auffi fe font fciences inuentees par les hommes, pour leurs neceffitez, mais cefte fcience de Mufique ne vient d'aucune inuention humaine, car chacun fçait, que
les confonnantes de ladite Mufique, font naturelles, & non de noftre inuention,
mais bien nos predeceffeurs ont cherché le moyen de trouuer les proportions d'icelles confonnantes, pour les affubiectir foubs nos nombres & mefures, ou ils ont aucunement bien rencontré, mais pas en telle forte, qu'il ny aye toufiours eu du debat
entre-eux. I'ay laiffé, Madame, plufieurs opinions, & chofes alleguees, tant par les
Antiques, comme auffi par aucuns Modernes, touchant cefte fcience, comme chofes
plutoft prolixes que neceffaires, à la congnoiffance d'icelle, en la Seconde partie, ie
donne le moyen de mettre lefdites proportions en oeuure, fcience appellee vulgairement compofition, laquelle eft fort neceffaire pour plufieurs Muficiens, lefquels defi-
rent ataindre à la congnoiffance de ladite compofition : Et fi Voftre Maiefté a aggreable ce mien petit labeur, cela me donnera courage de pourfuiure, & mettre en lumiere
vn traité (de la fabrique des Machines Hidrauliques) commencé foubs mon bon Mai-
ftre d'heureufe memoire, le Sereniffime Prince de Galles, ou par lefdites machines, il fe
pourra reprefenter, auec le cours de l'eau, vne parfaite harmonie.

De Heidelberg, le quinZiefme iour de Septembre. 1614.

De Voftre Maiefté.

L'obeiffant feruiteur

S. de Caus.

PROEME.

C'EST chose qui doibt estre ordinaire à celuy qui veut faire quelque oeuure, de regarder tousiours la fin pourquoy elle est faite, & l'vtilité qu'on en peut tirer, à celle fin de le donner à entendre, & ne rien faire vainement, voyant doncques que la science de Musique a esté par le passé, & est encores honnoree de grands & Doctes personnages, il m'a semblé bon, de mettre en lumiere ce petit traité, lequel i'ay divisé en deux parties, en la premiere lon y pourra apprendre l'admirable proportion qu'ont les consonnantes les vnes auec les autres, & en la deuziesme, le moyen qu'il faut vser pour les biens coloquer ensemble, & en faire vne bonne harmonie. Or pour venir à la louange que merite ceste science, il faudroit vn meilleur Orateur que moy pour la louer autant comme elle merite, ie diray seulement qu'elle doibt estre colloquee au dessus de toutes les sciences humaines, pour raison de ses diuines proportions quand à l'vtilité qu'on en peut tirer, ie mettray icy quelques exemples tirez premierement de la Sainte Escriture, puis apres de quelques Autheurs Grecs & Romains : Saul estant oint Roy, Samuel luy predit que quand il rencontreroit vne compagnie de Prophetes, aiant deuant eux vne harpe, vn psalterion, vn tabourin & fleute, que l'esprit de Dieu tomberoit sur luy, & qu'il prophetiseroit auec eux. Elisee ayant à prophetizer à la requeste de trois Rois, fit venir vn ioueur d'instrumens deuant luy, & incontinent qu'il leut ouy, l'esprit du Seigneur le saisit, & prophetiza : Le Roy Saul estant delaissé du Seigneur, le malin esprit le possedoit, & à la requeste de ses seruiteurs, on luy fit venir vn ioueur d'instruments, qui estoit le Bergier David, lequel fut Roy du depuis, & quand le mauuais esprit estoit sur Saul, David iouoit de sa harpe, & Saul estoit guari, le mesme Dauid venant à estre Roy, composa les Pseaumes propres pour chanter, & iouer des instruments, soit en rendant action de grace, pour quelque benefice receu, ou pour reciter quelques louanges du Seigneur, ou soit pour prier ou demander misericorde de nos offences, en somme se sont diuines chansons propres pour tous fidelles Chrestiens, quand aux Histoires Grecques & Romaines, il se trouue beaucoup d'estranges choses advenues par le moyen de la Musique, Platon & Aristote ont laissé par escrit que l'homme desirant estre bien instruit à la vertu, doibt auoir la congnoissance de la Musique, Homere fait recit que la pudicité de Clitennestre femme du Roy Agamennon, fut conservee aussi long temps qu'vn certain Musicien Dorien, demeura auec elle, Ciceron & Valere le grand, recitent, que Graccus homme de grande eloquence, toutes les fois qu'il auoit à parler deuant le peuple, auoit vn Musicien à propos derriere luy, lequel auoit ordre de son maistre de sonner d'vne Flute certaines modes de chants, quand besoing seroit de faire esleuer sa voiis, ou la faire abbaisser, Valere & autres Autheurs, faisans mention des guerres des Spartes disent que quand ils alloyent au combat, premierement ils estoien incitez par le son des Piphres, & mesmement leur estoit enioint par les Lois de Licurgus, de ne combatre sans estre premierement eschauffez auec le son desdits Piphres, les Romains aussi en leurs guerres vsoyent de Trompettes, accompagnez de chants, pour eschauffer les Soldats, (comme

Samuel premier. chap. 10.
Rois deuziesme liure Chap. 3.

Samuel 1. Chap. 16.

De legibus 3. 8. polit. Chap. 3.
Homere Odiss. 3.

Dictor. & fact. lib. 2. Chap. 1.

Tuscul. liure 5.

 recite

Proeme.

recite *Ciceron*) lefquelles trompettes font encores auiourd'huy en vfage parmi nos guerres,
les tambours y font auſſi ioints, comme forts vtilles pour faire marcher les foldats en proportion, les mettre au combat les rappeller, en fin la Mufique fert à faire efmouuoir nos
paſſions fuiuant noftre defir, à efleuer nos ames vers la Diuinité, mefmement à guerir aucunes maladies, & donner foulagement à d'autres, *Pontus de Tiard Evefque de Cha-*
lons, dit auoir veu en la Pouille partie d'Italie, plufieurs malades d'vne frenefie engen-
dree par la douleur de la picqueure de petits animaux comme des araignes, nommees pha-
langes ou tarantola, aucuns rient inceſſamment, autres pleurent, autres dorment, autres
veillent, en fin chacun fuiuant fon naturel, ou par le naturel diuers du venin defdites
tarantoles, à vne action diuerfe, & ny autre remede à le guarir, finon de faire venir
quelques loueurs d'inſtruments deuant eux, au fon defquels les malades fe mettent à dan-
cer, & perdent leur plus grande douleur, puis peu à peu reuiennent en leurs premiere con-
ualefcence, medecine fort eſtrange, & toutesfois veritable, par le rapport de plufieurs autres perfonnages digne de foy, qui voudroit raconter l'vtilité & le plaifir que nous aporte ceſte fcience, fans s'arreſter aux fables, qui ont eſté racontees par les anciens, il faudroit vn bien gros volume, ce que nous laiſſerons pour le prefent, pour raconter l'Origine
& progrez de ladite fcience.

INDI-

DE L'ORIGINE DE LA MVSI-
QVE, ET COMME ELLE A PRINS SON ACROISE-
MENT IVSQVES A NOSTRE TEMPS.

I est dit en la Sainſte eſcriture que Iuba fut inventeur des premiers in- *Geneſe 4.* ſtrumens de Muſique, ſoit qu'il les inventa auec quelques proportions *Chap.* par luy trouuees, ou bien accidentallement & ſans proportion, de cela n'auons ancune congnoiſſance, & eſt croyable que leſdits inſtrumẽts n'e- ſtoyent pas en telle perfection comme ils ont eſté augmenteƺ du depuis, car il n'i a ſcience aucune que puiſſe ſauoir l'homme, ou il n'y a ye touſiours quelque choſe a augmenter, pour la rendre plus parfaite, qui eſt vn point fort conſiderable à l'homme, pour ne ſe rendre orgueilleux de ce qu'il ſait, veu que ce n'eſt rien de parfait, & à dire vray Dieu congnoiſſant noſtre orgueil ne nous veut pas laiſſer iouir de la perfection des ſciences, à celle fin que nous recongnoiſſions touſiours noſtre ingnorance, tou- tefois nous diſons pluſieurs de nos ouurages eſtre parfaits, & ce d'autant que nous ingnerons iuſques ou la perfection va. Ie dis ceci ſur le ſubiet de ceſte ſcience de Muſique laquelle comme eſt dit a eſté iuuentee vn peu apres la creation du monde, & touſiours a eſté pourſuiuie par d'excellens perſonnages iuſques à preſent, & ſemble qu'elle ſoit en ſa perfection, toutefois nous ne pouuons pas aſſeurer que ceux qui viendront apres nous, ne trouuent encores pluſieurs cho- ſes par nous ingnorees, or pour retourner aux premiers inventeurs de ceſte ſcience, les Grecs en ont fournis leurs hiſtoires de beaucoup de fables, Pitagoras fut le premier inventeur du mono- chorde (c'eſt à dire ſeule corde,) qui eſt vn inſtrument non pour autre effect, ſinon pour recher- cher les proporſitions des intervalles harmoniques, nommé de Boece, regle harmonique, & *Muſic. libr.* eſt vray ſemblable que ce fut le premier d'entre les Grecs, qui a voulu aſſubiectir les inter- *5. Chap. 2.* valles entre les ſons graves & aigus, ſoubs certaines meſures de nombres, car de luy vint vne ſorte de Muſiciens nommeƺ canoniques ou reguliers, leſquels aſſeuroient que les conſonnan- tes & intervalles tiroyent leurs origine des nombres, & refuſoient le ſens de louye pour iuge deſdites conſonantes & intervalles, diſans que c'eſt vn ſentiment doubteux & non aſſeuré, & quelque temps apres vint Ariſtoxene, lequel au contraire vouloit que l'ouye fut l'arbitre deſ- dites conſonnantes, ſans ſe ſoucier autrement des nombres ny meſures, & de ceſtuy-cy ſour- dit vne autre ſorte de Muſiciens nommeƺ harmoniques, apres vint Ptolomee qui viuoit 150. ans apres la Redemption de noſtre Seigneur, lequel diſoit bien qu'entre les ſons graves & ai- gus, il y eut quelques intervalles accordantes auec les nombres & meſures, ſi eſt-ce qu'il faloit que le iugement de louye fut ſatisfait, & reforma quelques intervalles (comme il ſe pourra voir par cy apres) à celle fin que louye fut mieux ſatisfaite, laquelle reformation a eſté ap- prouuee de beaucoup d'excellents Muſiciens, leſquels ſont venus du depuis, & entre autres de Zarlin moderne autheur, lequel a traité doctement de ceſte ſcience, quand à l'invention de chanter avec la voix il eſt certain quelle a precedé l'invention des inſtruments, d'autant que leſdits inſtruments ne ſont qu'imitateurs de la voix, Plutarque dit que Heraclides au re- *Heraclides* cueil qu'il a fait des hommes excellens en la Muſique recite qu'Anphion fut le premier *en ſon trai-* qui accompagna le ieu de la Cithre avec la voix, ledit Plutarque recite encores de pluſieurs *té de Muſi-* inventeurs tant de divers inſtruments, comme de divers chants, ce qui ſeroit trop long à ra- *que.*

A   conter,

conter, mais pour venir au chant composé de diuerſes voix, duquel nous vſons à preſent ie n'ay point encores leu Autheur digne de foy, qui die que les antiques Grecs ou Latins en ayent vsé, ce qui ſera demonſtré par cy apres, ie croy que la premiere invention de compoſer leſdites voix pour les chanter enſemble, a eſté du temps ou vn peu au paravant du Pape Benedit, qui viuoit lan de noſtre Salut 1018. & ce fut lors que Guidon Aretin trouua le moyen de chanter plus facillement que lon ne faiſoit auparauant, par le moyen de leſchelle vulgairemẽt nommee game, & de ce temps commença lon a uſer de varieté de conſonnantes qui s'augmenterent fort, iuſques au temps du Pape Iean vingt & deuz ieſme, qui viuoit l'an de noſtre ſalut 1316. Ce qui ſe peut voir par vn decret qu'il fit contre ceux qui chantoient aux Egliſes auec grandes varietez de voix, bien permit-il, que deſſus le chant Eccleſiaſtique lon uſeroit quelque fois de diapaſon, de diapente ou diateſſaron, à celle fin d'aporter quelque meilleure harmonie audit chant, mais ie croy que ce decret ne fut pas long temps obſerué, d'autãt qu'il ſe trouue encores de preſent des compoſitions de pluſieurs voix, faites paſſees 156. ans, & depuis encores, l'on ſi eſt tellement exercé, qu'il ſemble que la Muſique eſt en ſon periode, par le grand nombre d'excellens compoſiteurs qui ſe trouuent maintenant.

ICY

D'AVTANT QVE LA PLVSPART DES TERMES VSI-
TEZ EN LA MVSIQVE, SONT TIREZ DES GRECS OÙ LATINS, IE METTRAY
icy aucuns d'iceux, auec leurs explication en François, pour n'aporter aucune obscurité à ceux qui sont encores ingnorans
desdits termes.

ICY SONT LES NOMS
DES CONSONNANTES ET INTER-
valles vsitees par les Grecs,
& Latins.

ICY SONT LES NOMS
EN FRANÇOIS DESDITES
CONSONNANTES ET
intervalles.

Diapason	huitiesme
Diapente	cinquiesme
Diatessaron	quatriesme
Diton	troisiesme parfaite
Semi diton	troisiesme imparfaite
Hexacorde maior	siziesme parfaite
Hexachorde minor	siziesme imparfaite
Ton maior	ton parfait
Ton minor	ton imparfait
Semi ton maior	demi ton parfait
Semi ton minor	demi ton imparfait
Apotome	est vne interualle entendue

pour vne partie taillee d'vn demi ton maior, les antiques ont
nommé, le demi ton imparfait.

Diesis	est vne interualle entendue

pour vn demi ton imparfait.

Comma	est vne petite interualle par

laquelle vn demi ton parfait surpasse l'imparfait, ou le ton
parfait, surpasse l'imparfait.

ICY SONT AVCVNS NOMS
LATINS DES PROPORTIONS USI-
tees en ce liure, aux interualles
de la Musique.

ICY SONT LES SIGNI-
FICATIONS DESDITS NOMS
en François.

Sesquialtera	comme de 2. à 3.
Sesquitertia	comme de 3. à 4.
Sesquiquarta	comme de 4. à 5.
Sesquiquinta	comme de 5. à 6.
Sesqui octaua	comme de 8. à 9.
Sesqui nona	comme de 9. à 10.
Sesqui quintodecimo	comme de 15. à 16.
Sesquiuentesimoquarto	comme de 24. à 25.
Sesquiottantesimo	comme de 80. à 81.
Superbi partiens tertia	surpassant 3. de 2. ou côme de 3. à 5.
Supertripartiens quinta	surpassant 5. de 3. ou côme de 5. à 8.
Super 3. partiente 125.	surpassant 125. de 3. ou comme de 125. à 128.

ICY SONT AVCVNS NOMS
GRECS USITEZ EN CE LIVRE.

ICY SONT LES INTERPRE-
TATIONS DESDITS NOMS FRANCOIS

Monochorde	instrument auec vne seule corde.
Sisteme	est vn amas & assemblee d'interualles harmonique.
Polichorde	est tout instrument de plusieurs cordes.

ENSUIT LES DEFINITIONS NECESSAIRES DE SAVOIR, POUR L'INTELLIGENCE DE LA MUSIQUE.

DEFINITION PREMIERE.

Muſique, eſt vne ſcience, par laquelle ſe fait vne diſpoſition de ſons graues, & aigus, proportionnables entreux, & ſeparez par iuſtes interualles, dont le ſens, & la raiſon ſont ſatisfaits.

E MOT de Muſique a eſté autrefois entendu par Pitagoras & Platon l'vniuerſelle ſcience du monde, & de ſes parties, & peut eſtre ce mot tiré des Muſes, ou bien les Muſes de luy, & quelque temps depuis leſdits Philoſophes, elle fut ſeulement diuiſee en trois parties, dont la premiere, eſtoit la congnoiſſance des proportions entre les ſons graues & aigus, la deuſieſme, de les ſauoir bien compoſer enſemble, pour rendre vn chant delectable, ſoit auec la voix, ou auec les inſtruments artificiels, & la troiſieſme, eſtoit de ſauoir chanter ladite compoſition ou la iouer ſur leſdits inſtruments, mais à preſent le mot de Muſicien ne s'eſtend ſi loing, car nous le donnons à vn Chantre ou ioueur d'inſtruments, que lon nõmoit autrefois meneſtrier.

DEFINITION II.

Harmonie, s'entend pour vne certaine compoſition de pluſieurs corps, ou ſoubs differens, acordees, les vns auec les autres auec vne certaine proportion.

COMME par exemple, qui diroit que les Cieux mouuent auec harmonie, c'eſt à dire, auec mouuements reiglez & accordez les vns auec les autres, auſſi pluſieurs ſons diferens, eſtans ioints enſemble par bonnes conſonnantes, cela ſe pourra dire harmonie.

DEFINITION III.

Proportion, eſt vne ſimilitude de raiſons, laquelle ne peut eſtre conſtituee ſur moins de trois quantitez.

ROPORTION, ſe pourroit auſſi dire vne comparaiſon de pluſieurs choſes enſemble, comme ſi lon diſoit vn homme bien proportionné, cela ſe doit entendre, quand la teſte, les bras, & les iambes ſont comparez auec le corps, auec bonne ſimmetrie, comme a eſté fort bien demonſtré par Albert Durer, & quand aux nombres proportionnez, ils ſont dits ainſi, quand ils s'accordent enſemble par vne meſme interualle, comme par exemple, 4. 6. 9. il y a telle interualle de 4. à 6. comme de 6. à 9. ainſi ces deux interualles qui ſont trois nombres, ſont en meſme proportion, ou autrement quand il eſt dit, que le ton maior a ſon interualle comme de 8. à 9. ſi nous diſons auſſi de 16. à 18. ou de 15360. à 17280 ſe ſeront les meſmes proportions, d'autant que les interualles de 16. à 18. ou de 15360. à 17280. ſont ſemblables à celle de 8. à 9. quand aux quantitez dont eſt compoſé vne proportion, ils ne peuuent eſtre moins que de 3. d'autant que deux quantitez ne ſont qu'vn interualle, & pour former vne ſimilitude ou comparaiſon de quelque choſe a vne autre, il y faut opoſer vne autre, ou pluſieurs.

DEFINITION IIII.

Jntervalle harmonique, eſt la diſtance d'vn ſon graue à vn aigu.

OMME ſi l'on tend vne corde de Lut ou d'Eſpinette, ſur vn inſtrument, & puis qu'on la ſonne deux ſons, ſauoir la corde en ſon entier, puis vne partie d'icelle, alors le ſon qui a eſté touché en ſon entier, ſe nomme graue, & l'autre aigu, & la diſtance du point qui a arreſté la partie de la corde, iuſques au bout de ladite corde, ſe nomme interualle, comme par exemple,

ſoit

foit vne corde longue d'vn pied diuisé en 9. parties esgualles, fi lon fonne ladite corde
entiere,puis en oster vne defdites parties par le moyen d'vn cheuallet (comme fera enfeigné icy apres)& fonner les 8. parties,lon aura vne interualle fefquioctaua, ceft à dire,
comme de 8. a 9.

DEFINITION   V.

Son, eft vn certain bruit, qui s'engendre,foit de la voix, ou de quelque frappement d'air,
contre quelque matiere, ou par l'attouchement de quelque matiere,
& à vne certaine eftendue.

E fon fe fait en diuerfes manieres,foit auec la voix ou quand vn air eft poufsé
entre quelque fente,ou trou,comme aux tuyaux d'Orgues regalles, ou autres
inftruments à vent, ou bien par l'atouchement de quelque matiere comme
de cordes de Lut,d'Efpinette ou autre matiere que ce foit, faifant bruit, ainfi
l'air eftant efmeu par le fon,cefte motion (comme dit Vitruue & plufieurs autres bons *Liure 5.*
autheurs depuis luy,) fe forme en figure Sferique, & tout ainfi comme lon iette vne *Chap.3.*
pierre dans leau d'vn lac,il fe fait vne motion de plufieurs cercles,s'eflargiffans iufques à
ce que la motiõ n'a plus de force, aufsi l'air eftant efmeu du fon, il fe fait vne motion en figure Spherique,s'eflargiffant autant cõme le fon a de force,& la preuue de cecy fe peut ouir
iournellement,quand il fe fait quelque Mufique de voix ou d'inftruments dans vne chã-
bre clofe,car elle eft beaucoup plus forte, que fi ladite Mufique fe faifoit en plaine rue , ou
en campaigne,ou la voix fe perd en l'air, &au contraire elle eft referree dans vne chambre
clofe,quand à leftendue du fon, ceft la continuation qu'il fait , fans baiffer n'y haufer la
voix,& a efté ledit fon accomparé(par plufieurs bons autheurs) au point de la Geometrie
& à l'vnité del'Arithmetique,car le point dela Geometrie n'a aucune grandeur en foy, &
l'vnité de l'Arithmetique n'a aucunes parties,aufsi le fon en la Mufique n'a aucune interualle,proportion,ny confonnance.

DEFINITION   VI.

Confonnante eft dite ainfi,quand deux diferens fons, fauoir l'vn graue,& lautre aigu, fe
meslent en l'air par quelque bonne proportion enfemble, & raportent à
l'ouye vne douce confufion l'vn auec lautre.

EL v y qui a effayé premierement à donner quelques proportions aux inter- *Somnio li.*
ualles,entre les fons graues & aigus,fut(comme dit Macrobe,& apres luy *2.Chap. 1.*
Boece.)Pitagoras lequel paffant par vne rue, ou il y auoit vne boutique de *Boece lib.1.*
forgerons qui trauailloyent auec leurs marteaux,trouua que lefdits mar- *Chap.10.*
teaux donnoient en frapant chacun vn fon diferent fuivãt leur pefanteur,
de la trouua les proportions des côfonnantes, par le pois defdits marteaux,
& apres rechercha(comme dit le mefme Boece)fur vn inftrument d'vne corde,(nommé
des Grecs monochorde)les interualles qui eftoyent entre les confonnantes , & trouua
que lefdites confonnantes eftoyent formees d'interualles proportionnees enfemble,
comme fera enfeigné par cy apres,& quand à la douce confufion que la confonnante
fait,nous en voyons lexperience, en accordant des Orgues,car quand vne octaue ou
vne quinte n'eft en fon interualle parfait, il fe fait vn tremblement difcordant , qui o-
fence louye,mais quand vne confonnante à fa iufte interualle, alors il femble que ce
ne foit qu'vn fon,doux & agreable à l'ouye,quand au nombre des confonnantes,il y en
à 7.principalles, fauoir diapafon , diapente , diateffaron , diton , femy diton , hexacorde
maior,hexacorde minor, les autres qui font au deffus defdits 7. principalles, comme
difdiapon,diapafon,diapente,diapafon diateffaron, & ainfi des autres auront leurs proportions doubles aufdites 7. principalles,comme fera monftré par cy apres.

DEFI-

DEFINITION VII.

*Diſſonante eſt ainſi dite, quand deux ſons differens ne ſe peuvent
meſler enſemble.*

O UTES les interualles qui n'ont conuenable proportion, ſe diſent diſonnan-
tes, auſſi elles ne ſe peuuent meſler par l'air enſemble, ains chaſcun ſon, demeure en ſon entier, qui cauſe comme eſt dit en la precedente, vn tremblement diſcordant.

DEFINITION VIII.

*Vniſon (appellé des Grecs iſotonos,) eſt compoſé de deux ou pluſieurs
ſons ſemblables.*

U NISON ne peut eſtre dit harmonie, d'autant que aux choſes ſemblables, il
n'y a nulle interualle ny proportion, & Harmonie eſt comme a eſté dit compoſee de proportions differentes.

DEFINITION IX.

*Diapaſon, eſt vne conſonnante la plus parfaite, ayant ſon interualle, du ſon
graue à laigu, double.*

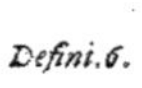

Defini.6.

E STE conſonnante eſt dite de nous huitieſme, & à celle fin de dõner plus
claire intelligence à ceſte interualle & aux ſuiuantes, ie repreſenteray icy
l'ancien monochorde, ſur lequel (comme a eſté dit) les interualles ont e-
ſté trouuees, ſoit donques vn inſtrument marqué A. B. ſur lequel lon
eſtendra vne corde entre deux cheualets, qui ſont aux deux bouts de l'inſtrument, lon aura auſſi vn cheuallet gliſſant marqué C. apres lon diuiſera ladite corde en trois parties eſgualles, & lon mettra ledit cheuallet C. ſoubs une
deſdites parties, ainſi ladite corde aura deux parties d'vn coſté, & vne partie de l'autre, &
ſonnant la partie A. C. contre C. B. lon aura la conſonnante dite diapaſon ayant
du ſon graue à laigu vne interualle double.

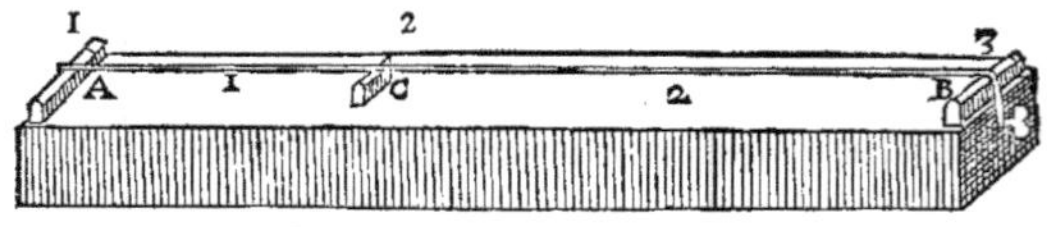

DEFINITION X.

*La ſeconde conſonnante eſt dite des Grecs Diapente ayant ſon intervalle
comme de 2. à 3.*

OUR trouuer ceſte proportion, il faut diuiſer la corde en 5. parties eſgualles,
puis mettre le cheuallet ſous la deuzieſme partie au point D. laiſſant 2. parties d'vn coſté, & trois de l'autre, & ainſi ſonnant les deux cordes A. D. & B.
D. lon aura l'interualle de la conſonnante diapente, dite de nous quinte, ayant
ſa proportion ſeſquialtera. ou de 2. à 3.

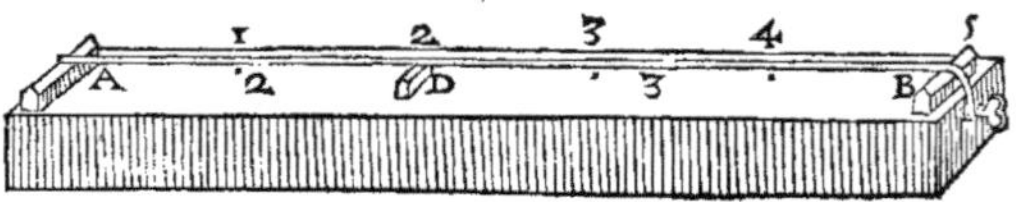

DEFINITION XI.

La tierce conſonnante eſt dite des Grecs Diateſſaron ayant ſon in-
terualle comme de 3. à 4.

 IVISANT la corde en 7. parties eſgualles , & mettant le cheuallet ſous le
point E. laiſſant trois parties d'vn coſté & quatre de lautre, en ſonnant la
partie A. E. contre B. E. lon aura la conſonnante dite diateſſaron , ou
quarte, ayant ſa proportion ſeſquiterzia, c'eſt à dire de 3. à 4.

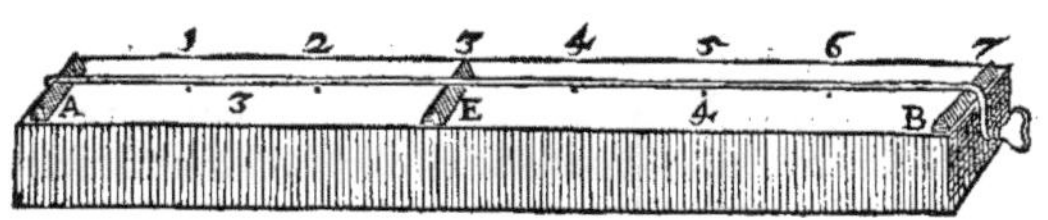

DEFINITION XII.

La quatrieſme conſonnante eſt dite des Grecs diton ayant ſon interualle
comme de 4. à 5.

 Y lon diuiſe la corde en neuf parties eſgualles & mettant le cheuallet ſoubs le
point F. laiſſant 4. parties d'vn coſté, & 5. de lautre, & ſonnant la partie où
corde A. F. contre B. F. lon aura la conſonnante dite diton, & de nous
tierce maior, ayant ſa proportion ſeſquiquarta , ceſt à dire de 4. à 5.

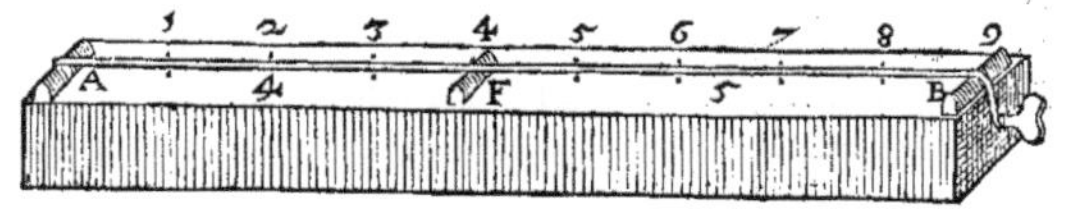

DEFINITION XIII.

La cinquieſme conſonante dite des Grecs ſemy diton, à ſon interualle
comme de 5. à 6.

IVISANT la corde en 11. parties, ſi lon met le cheuallet ſoubs le point G. laiſſant
5. parties d'vn coſté, & 6. de lautre, & ſonnant les deux parties de corde. A. G. &
B. G. lon aura la conſonnante dite ſemy diton, ou tierce minor ayant ſa proportion ſeſquiquinta, ceſt à dire de 5. à 6.

DEFINITION XIIII.

La ſiſieſme conſonante dite des Grecs Hexachorde maior, a ſon intervalle
comme de 3. à 5.

IVISANT la corde en 8. parties, ſi lon met le cheuallet ſoubs le point H. laiſſant
3. d'vn coſté, & 5. de lautre, & ſonnant les deux parties de corde A. H. & B. H. lon

aura

aura la conſonnante dite Hexacorde maior, dite de nous ſiſte maior, ayant ſa proportion ſuperbipartiente terza, c'eſt à dire ſupaſſant 3. de 2. ou comme de 3. à 5.

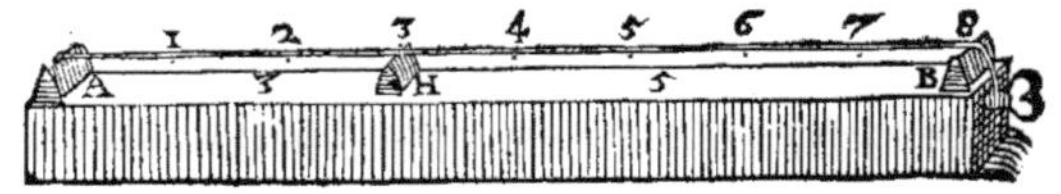

DEFINITION XV.

La ſeptieſme & derniere conſonnante dite des Grecs Hexachorde minor, a ſon
interualle comme de 5. à 8.

I VISANT la corde en treze parties, ſi lon met le cheuallet ſoubs le point I. laiſſant 5. d'vn coſté, & 8. de lautre, & ſonnant les deux parties de corde A. I. & B. I. lon aura la conſonnante dite Hexachorde minor, dite de nous ſiſte minor, ayant ſa proportion ſupertripartiente quinta, ceſt à dire ſurpaſ-ſante 5. de 3. ou comme de 5. à 8.

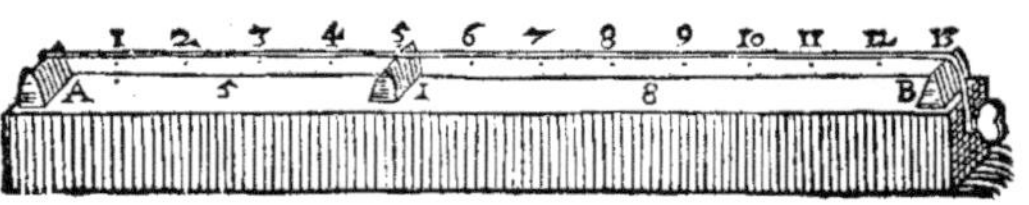

DEFINITION XVI.

Le ton maior a ſon interualle, comme de 8. à 9.

DI VISANT la corde en 17. parties, & mettant le cheuallet ſoubs le point L. laiſſant 8. parties d'vn coſté, & 9. de lautre, & ſi lon ſonne la partie A. L. puis B. L. lon aura linterualle & proportion du ton maior dit ſeſquioctaua.

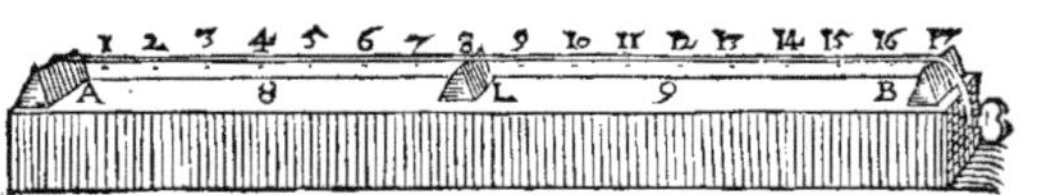

DEFINITION XVII.

Le ton minor a ſon interualle comme de 9. à 10.

DI VISANT la corde en 19. parties, & mettant le cheuallet ſoubs le point M. laiſſant 9. parties d'vn coſté, & 10. de lautre, puis ſi lon ſonne la partie A. M. contre B. N. lon aura l'interualle & proportion du ton minor, dit ſeſquinona.

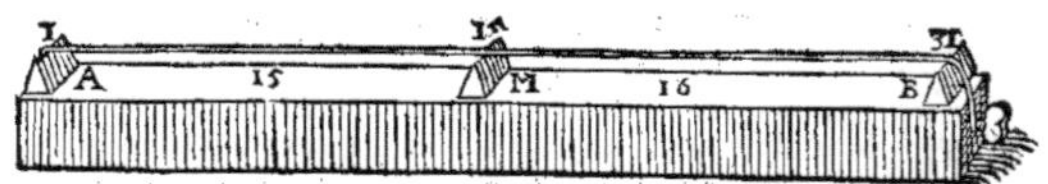

DEFINITION XVIII.

Le demi ton maior a ſon interualle comme de 15. à 16.

DIVISANT la corde en 31. partie en laiſſant 15. d'vn coſté, & 16. de l'autre l'on aura la proportion ſuſdite.

DEFI-

DEFINITION . XIX.

Le demi ton moyen a son interualle, comme de 128. à 135.

LE demi ton moyen est ce qui reste, quand d'vn ton mayor lon oste vn demy ton maior, comme par exemple, le ton maior comme a esté dit à la 17. definition, a sa proportion comme de 8. à 9. qui est aussi commode 7680. à 8640. aussi le semi ton moyen, au dessus de 7640. aura sa proportion de 8100. qui est autant, comme de 15. à 16. ainsi le reste dudit ton estant comme de 7680. à 8100. c'est autant comme de 128. à 135. car diuisant les deux nombres sauoir 7680. & aussi 8100. chascun par 60. le produit sera de l'vn 128. & de la tre 135.

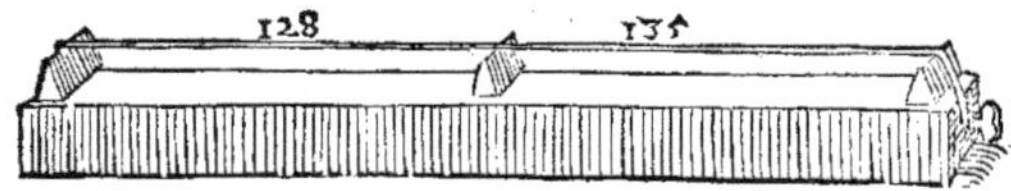

DEFINITION XX.

Le demi ton minor a son intervalle de 24. à 25.

C'EST autre demi ton est plus petit que le precedent, d'autant que cestuy-cy est ce qui reste quand l'on diuise le ton minor en deux parties, & que l'vne desdites parties aye la proportion de 15. à 16. Il est certain que le reste aura la proportion, comme de 24. à 25. comme il se peut voir en l'onziesme proposition de ce liure, ce ton minor estant parti en deux demis tons sauoir vn maior de 15. à 16. l'autre reste ayant sa proportion, comme de 24. à 25.

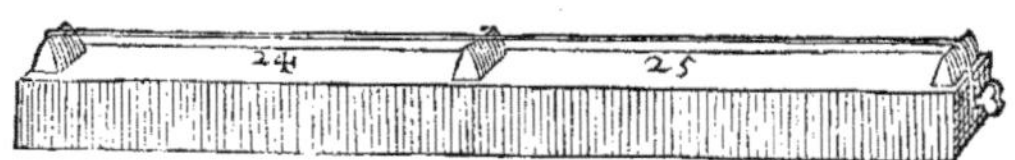

DEFINITION XXI.

Le comma est vn petit intervalle, laquelle est entre le ton maior & le ton minor,
lequel a sa proportion comme de 80. à 81.

SI lon diuise la corde en 161. partie, & mettant 80. d'vn costé, & 81. de l'autre lon aura ceste interualle.

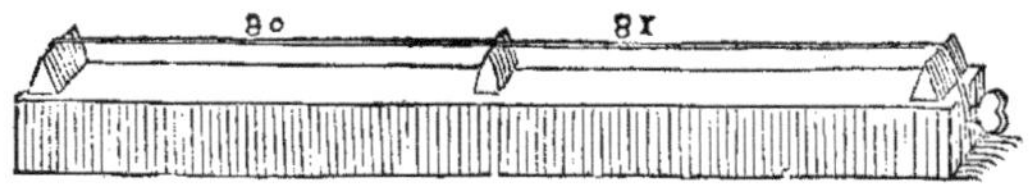

DEFINITION XXII.

Apotome maior est vn petit intervalle, lequel est entre le demi ton maior, &
le demi ton minor, ayant sa proportion super 3. partiente 125.

CE NOM d'Apotome a esté autrefois donné par les antiques au demy ton maior, mais alors ledit demi ton maior n'estoit en viage, ains ils se seruoyent du demi

ton

Inſtitution harmonique,

ton minor, ce mot veut dire taillement, tellement que nous auons donné ce nom à l'interualle, qui eſt entre le demi ton moyen & le minor, laquelle a ſa proportion, ſuper ter-
tia partiente 125. c'eſt à dire comme de 125. à 128.

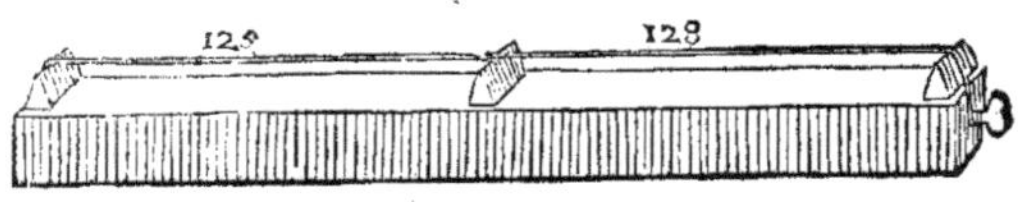

DEFINITION XXIII.

*Apotome minor eſt vne fort petite interualle, laquelle eſt entre le demy ton maior, & le
demy ton moyen, ayant ſon interualle ſuper 23. partiente 2025.*

C'Eſt intervalle eſt celle qui eſt entre le demi ton maior , & le moyen ayant ſa proportion ſuper 23. partiente. 2025. ou comme de 2025 à 2048. ainſi ſi la corde eſt diuiſee en 4073. mettant 2025. d'vn coſté & 2048. de l'autre, & ſonnant, les deux coſtez
lon aura c'eſt interualle.

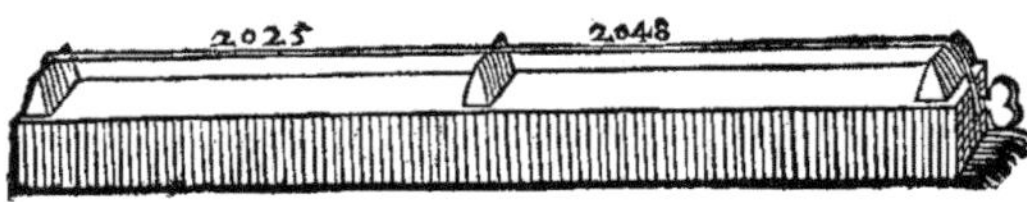

PRO-

PROPOSITION PREMIERE.

Comme il faut deſcrire toutes les interualles ſuſdites deſſus le monocorde, ayant leurs pro-
poſitions les vnes des autres, ſelon la conſtruction de Ptolomee.

Oit ledit Monochorde marqué M. N. & les deux cheuallets ſur
leſquels ſera poſee la corde, ſeront marquees A. H. & pour trouuer la premiere conſonnante diapaſon, lon diuiſera ladite corde ou
interualle entre A. H. en deux parties eſgalles au point A. puis lon
tirera vne ligne ſur ledit inſtrument paralelle aux cheuallets H. A.
& ainſi, ſi lon ſonne l'vne des parties A. H. contre toute la corde
A. H. lon aura l'interualle du diapaſon,& ainſi toute la corde entie-
re ſera marquee 17280. comme ſi elle eſtoit diuiſee en autant de parties, & ce grand nōbre eſt à celle fin de trouuer plus facilement les autres interualles, ſans auoir aucuns
nombres rompus,& ainſi la moitié dudit nōbre eſt 8640. qui ſera deſcrit ioingnant la lingne A. apres faut diuiſer ladite corde (entre les cheualets A. H.) en 3 parties eſgualles, & v-
ne deſdites parties ſera A.E. puis faudra tirer la lingne E. paralelle aux autres, & diuiſer le
nombre 17280. en trois parties eſgualles,& deux deſdites parties ſera 11520. qui faudra deſcrire ioingnant la lingne E. & ainſi ſi lon ſonne la partie de la corde E. H. contre toute ladite
corde lon aura la conſonnante diapente, ayant ſon interualle ſeſqui altera, ceſt à dire de
deux à trois, apres faudra diuiſer la partie de la corde entre E. & H. en neuf parties eſgualles,& aiouſter vne deſdites parties au bas de E. ſauoir au point D. & auſſi faut diuiſer le nōbre 11520. en neuf eſgualles parties, & aiouſter vne deſdites parties audit nombre, le produit ſera 12800. lequel produit faudra ioindre à la lingne D. alors lon aura l'interualle du
ton minor entre D. & E. ayant ſa proportion ſeſquinona, c'eſt à dire de 9. a 10. apres faut diuiſer toute la corde, en 6. parties eſgualles, dont 5. deſdites parties ſeront marquees H. C. &
auſſi le nombre 17280. ſera diuiſé en ſix parties eſgualles dont cinq deſdites parties ſeront
14400. lequel nombre faudra poſer ioingnant ladite ligne C. & ainſi ſonnant toute la corde H. A. contre la partie H. C. lon aura la conſonnante dicte ſemy diton, ayant ſon interualle ſeſquiquinta, c'eſt à dire comme de 5. à 6. apres lon diuiſera toute la corde en 8. parties eſgualles, & 5. deſdites parties ſeront entre les points F. H. & les 3. autres parties ſeront
entre les points F. A. & auſſi faudra diuiſer le nombre 17280. en parties eſgualles, & mettāt
5. deſdites parties enſemble, produiront le nombre 10800. lequel faudra mettre ioingnant
la ligne F. & ainſi mettant le cheuallet ſoubs ladite ligne F. & ſonnant la corde entiere contre la partie F. H. lon aura la conſonnante dite des Grecs Hexacorde minor, ceſt a dire Siſte
minor, ayant ſon interualle ſupertripartiente quinta, ceſt a dire ſurpaſſante 5. de 3. ou comme de 5. a 8. apres faudra diuiſer toute la corde en 9. parties eſgualles, & 8. deſdites parties ſeront miſes entre les points H. ♮. auſſi le nombre 17280. ſera diuiſée en 9. parties eſgualles & 8.
d'icelles parties ſeront miſes enſembles audit point ♮. & ainſi l'interualle A. ♮ ſera celle qui
eſt requiſe au ton maior laquelle eſt ſeſquioctaua, ceſt a dire comme de 8. à 9. ainſi il ne reſte plus que la note G. entre F. & A. que le premier diapaſon neſoit accompli de toutes ſes
notes, & pour mettre ladite note en ſa proportion, lon diuiſera la corde depuis F. iuſques à
H. en 9. parties eſgualles, & 8. d'icelles parties ſeront miſes audit point G. & auſſi lon diuiſera le nombre 10800. en 9. parties eſgualles, & puis lon mettra 8. d'icelles parties enſemble,
qui ſeront 9600. lequel nombre ſera poſé ioingnant la lingne G. ainſi lon aura toutes les
diuiſions du diapaſon proportionnees les vnes auec les autres, chaſcun en ſa proportion,
tant par meſures de lignes, comme de nombres, ſelon que Ptolomee en a fait la reformation, car auant ſon temps, il n'y auoit aux Monochordes qu'vne ſorte de ton, lequel
auoit ſon interualle, ſequioctaua, comme il ſe pourra voir par cy apres.

B 2

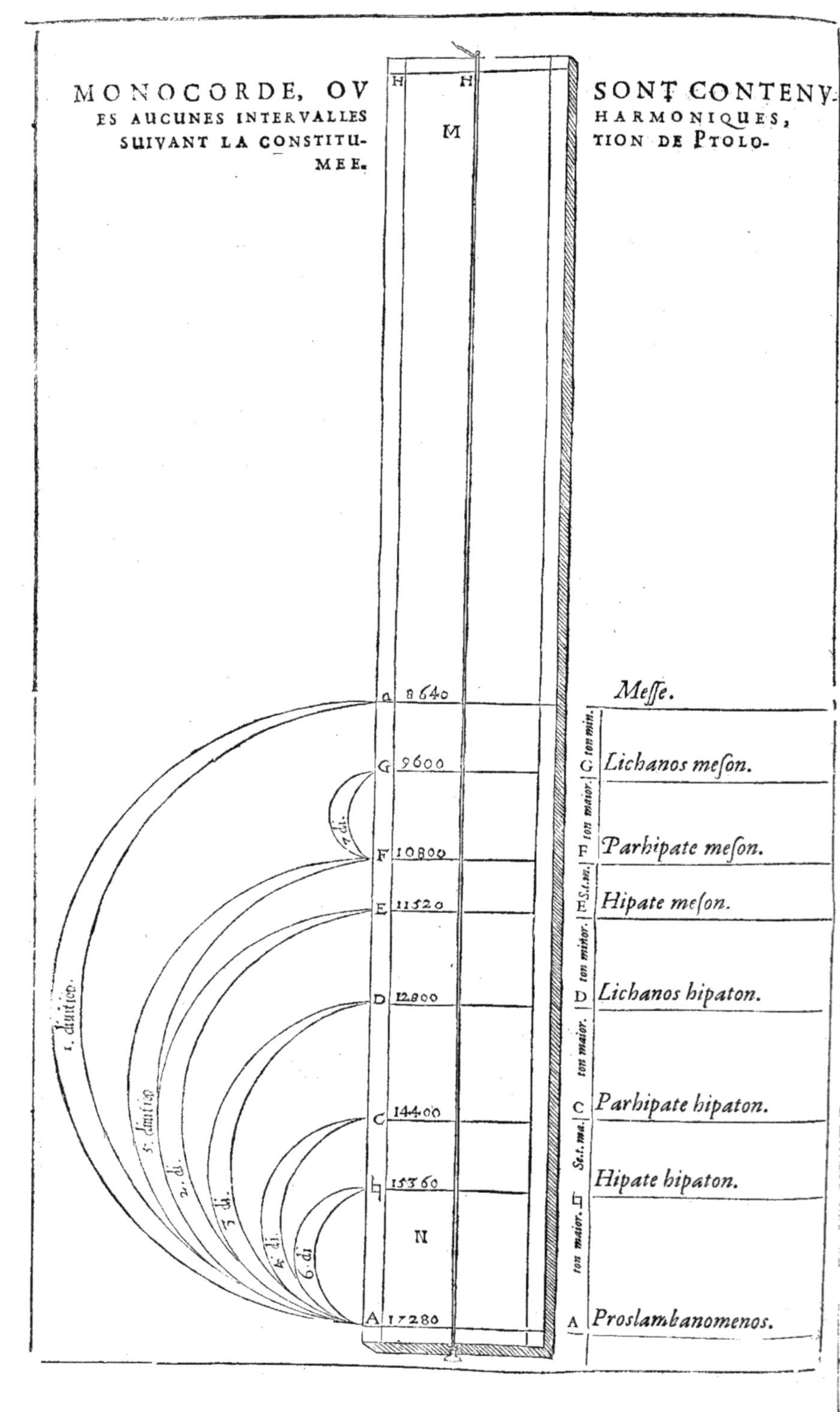

MONOCORDE, OV
ES AUCUNES INTERVALLES
SUIVANT LA CONSTITU-
MEE.
SONT CONTENV-
HARMONIQUES,
TION DE PTOLO-
H H
M
a 8640
G 9600
F 10800
E 11520
D 12800
C 14400
♮ 15360
N
A 17280
Messe.
Lichanos meson.
Parhipate meson.
Hipate meson.
Lichanos hipaton.
Parhipate hipaton.
Hipate hipaton.
Proslambanomenos.
G ton min.
F ton maior.
E S.t.m.
D ton minor.
C ton maior.
♭ Se.t. ma.
☐ ton maior.
A
G
F
E
D
C
♭
1. diatessaron.
5. diatessaron.
2. di.
3. di.
4. di.
5. di.
6. di.
7. di.

PROPOSITION II.

La signification des noms Grecs compris au Monocorde, & comme ils ont esté changez en vne maniere plus facille pour le chant.

CY est representee vne table, ou sont tous les noms des notes du monocorde, comme les Grecs les ont appellez, ausquels i'ay donné leur signification en François, & quand au changement qui a esté fait desdits noms en nostre Game vulgaire, ça esté (comme tesmoigne Franchini Gaffori, Zarlin, & plusieurs autres) par vn Guido Aretin, lequel viuoit au temps du Pape Benedetto VIII. en l'an de grace 1018. & auant ledit temps, les enfans aprenoyent a entonner les nottes par vne des voielles, comme par exemple, au lieu que nous disons à present en chantant, ut. re. my. fa. ils disoyent a. a. a. a. où e. e. e. e. ce qui estoit fort dificile a apprendre, à cause de l'interualle de my. au fa. qui n'est qu'vn demi ton lequel conuenoit estre representé, par vne semblable voielle que les autres, donques voyant ledit Aretin la difficulté, prit six silabes, ut. re. my. fa. sol. la, d'vn vers du cantique de Saint Iehan Baptiste, VT queant laxis RE Sonare fibris MIra gestorum FAmuli tuorum, SOlve polluti LAbii reatum Sancte Johannes, & ainsi rendit vne grande facilité au chant des interualles, ladite table ou eschelle, se commence par Γ. ut, qui signifie Gamma ut, d'ou ladite eschelle elle a retenu son nom de la lettre Γ. qui est le Gamma des Grecs, & de nous dit G. ledit commencement est vn ton minor plus bas que prolanbanomenos, & au dessus de nette Hiperboleon, Ion a aiousté encores 5. notes tellement que toutes les notes de la Gamme se montent à 22. lesquelles font 21. interualle.

		228	ee							la	tonus.
		320	dd						la	sol	tonus.
		360	cc						sol	fa	tonus.
		384	♮♮							my	semytonus
		405	bb						fa		semytonus
Nette hiperboleon.	La plus excellente.	432	aa					la	my	re	semytonus
Paranette hiperboleon.	Prochaine des excellentes.	480	g					sol	re	ut	tonus.
Tritte hiperboleon.	Tierce des excellentes.	540	f					fa	ut		tonus.
Nette diereugmenon.	La plus haute des desioinctes	576	e				la	my			semytonus
Paranette diereugmenon.	Prochai. de la haute des des.	640	d			la	sol	re			tonus.
Trite diereugmenon.	Troisiesme des desioinctes.	720	c			sol	fa	ut			tonus.
Paramese.	Presque moyenne.	768	♮				my				semytonus
Trite sinemenon.	Troisiesme conioincte.	810	b			fa					semytonus
Messe.	Moyenne.	864	a		la	my	re				semytonus
Lichanos meson.	Monstre des moyennes.	960	G		sol	re	ut				tonus.
Parhipate meson.	La prochaine de la moyene.	1080	F		fa	ut					tonus.
Hipate meson.	Principale des moyennes.	1152	E	la	my						semytonus
Lichanos hipaton.	Monstre des principalles.	1280	D	sol	re						tonus.
Parhipate hipaton.	Prochai. de la princip. des P.	1440	C	fa	ut						tonus.
Hipate hipaton.	Principale des principales.	1536	♮	my							semytonus
Proslambanomenos.	Aquise, ou adiousiee.	1728	A	re							tonus.
		1920	Γ	ut							tonus.

PROPOSITION III.

Le Diapaſon eſt compoſé de deux ſons diuers, ſauoir l'vn graue & l'autre aigu,
leſquels ſons, ſont entre ſept interualles, ſauoir trois tons ma-
iors, deux minors, & deux demi tons maiors.

TOUTES les diuiſions ſuiuantes, ſe pourront voir en la precedente eſchelle de la gamme, ou bien au monochorde repreſenté en la premiere propoſition, les trois tons maiors de ceſte propoſition ſont, le premier entre A. & ♮, le ſecond entre C. & D. le troiſieſme entre F. & G. & les deux tons minors ſont, le premier entre D. & E. & le ſecond, entre G & A. & les deux demis tons maiors ſont, le premier entre ♮ & C. & le ſecond entre E. & F.

PROROSITION IIII.

L'hexacorde maior eſt compoſé de deux ſons diuers, l'vn graue, & l'autre aigu,
leſquels ſont entre cinq interualles, ſauoir deux tons maiors, deux
minors, & vn demi ton maior.

C'ESTE interualle eſt comme de C. à A. laquelle a le premier ton de C. à D. maior, & de F à G. auſſi maior, & les deux tons minors ſont, le premier entre D. & E. & le ſecond de G. à A. & le demi ton maior, eſt entre E. & F.

PROPOSITION V.

L'hexacorde minor eſt compoſee de deux ſons diuers, qui ſont entre cinq interualles, ſauoir
deux tons maiors & vn minor, & deux demi tons maiors.

L'INTERVALLE qui eſt entre A. & ♮. eſt vn ton maior, & de C. à D. vn autre ton maior, & le ton minor eſt de D. à E. les deux ſemi tons maiors ſont entre ♮ & C. le premier & le ſecond, entre E. & F.

PROPOSITION VI.

La Diapente eſt compoſee de deux ſons diuers, qui ſont entre quatre interualles ſauoir deux
tons maiors, vn minor & vn demi ton maior.

LE premier ton maior eſt A. à ♮ le ſecond de C. à D. le ton minor eſt, de D. à E. & le ſemi ton maior eſt de ♮ à C.

PROPOSITION VII.

Le Diateſſaron eſt compoſé de deux ſons diuers, qui ſont entre trois interualles
ſauoir vn ton maior, vn minor, & vn demi ton maior.

LE premier ton maior, eſt de C. à D. le minor de D. à E. & le ſemy ton maior, de E. à F.

PRO.

PROPOSITION VIII.

Le Diton eſt compoſé de deux ſons diuers, qui ſont entre deux interualles, ſauoir
vn ton maior, & vn minor.

CEs deux interualles ſe ſuyuent touſiours l'vn l'autre, car apres la maior vient la minor, ou apres la minor vient la maior.

PROPOSITION IX.

Le Semy diton eſt compoſé de deux ſons diuers, qui ſont entre deux interualles,
ſauoir vn ton maior, & vn ſemy ton minor.

CEs deux interualles ſemblablement ſe ſuiuent l'vn l'autre, car apres le ſemy ton
maior, doit venir le ton minor, ou apres le ton maior, le ſemi ton minor.

PROPOSITION X.

Le ton maior eſt compoſé de deux ſons divers qui font vne intervalle, laquelle
peut eſtre partie en deux ſemys tons, l'vn maior, & l'autre moyen
ayant ſa proportion comme de 15. à 16.

COMME de A. à ♮. l'interualle de A à B. eſt vn ſemy ton maior, & celuy de B.
à ♮. eſt moyen, ayant ſa proportion, comme de 128. à 135.

PRO-

PROPOSITION XI.

Le ton minor, eſt compoſé de deux ſons, qui font vn interualle de laquelle ſi lon oſte vn ſemyton minor, ayant ſa proportion comme de 24. à 25. l'autre partie ſera vn demi ton maior.

AINSI le ton minor pourra eſtre diuiſé en deux ſemis tons, dont l'vn ſera maior, & l'autre reſtera de proportion ſeſquiuenteſima quarta, mais à cauſe que ceſte diuiſion n'eſt point au precedent monocorde, ie donneray vn exemple pour le faire, ſi donques lon deſire diuiſer le ton minor de G. à A. en ſorte que la partie ſuperieure vers A. ſoit vn demi ton maior, lon diuiſera la corde en 9600. & en oſtant la diſieſme partie dudit nombre reſtera 8640. ainſi G. aura 9600. & A. 8640. qui eſt l'interualle du ton minor, puis diuiſant 8640. par 15. le produit ſera 576. & ledit nombre eſtant multiplié par 16. lon aura 9216. lequel nombre ſera l'interualle du ſemi ton maior auec A. & ſi lon diuiſe 9216. par 24. & multipliant le produit par 25. lon aura 9600. ce qui donne à congnoiſtre que l'interualle de 9216 à 9600. eſt comme de 24. à 25. & ſi lon deſire au contraire faire l'interuale inferieur, vn ſemy ton maior, lon diuiſera 9600. par 16. & le produit 600. eſtant multiplié par 15. lon aura 9000. & ainſi 9600. ſera en proportion auec 9000. comme de 15. à 16. & 9000. auec 8640. comme de 25. à 24.

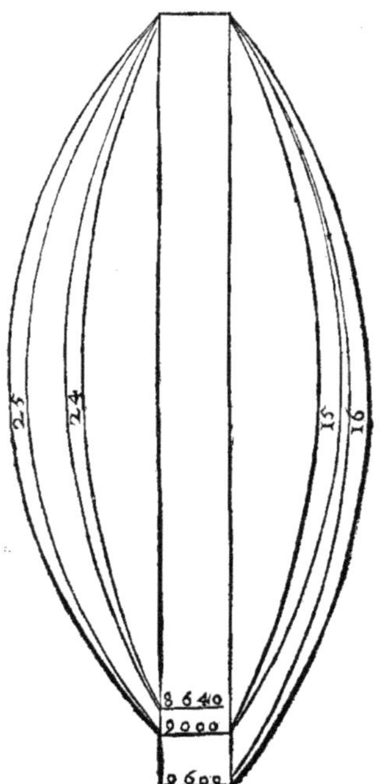

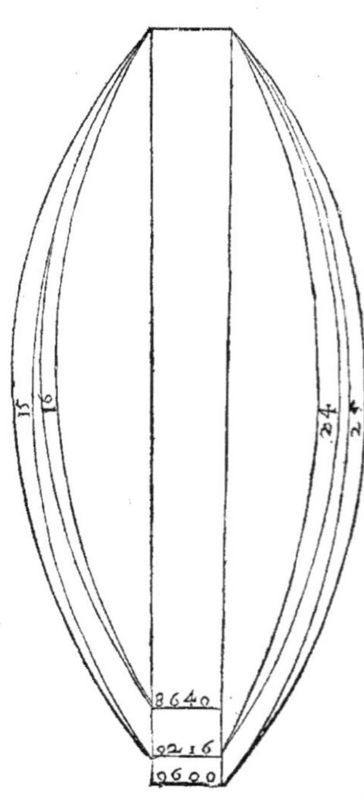

PROPOSITION XII.

*De deux interualles inegalles, oſter la plus petite de la
plus grande.*

E T D'AVTANT qu'il eſchet quelquefois que deux interualles ſont
preſques auſſi grandes l'vne que l'autre, & que celuy qui ne ſeroit pas
fort experimenté en l'Arithmetique pourroit doubter de celle qui
ſeroit la plus grande ou la plus petite, c'eſt pourquoy i'enſeigneray
icy le moyen de meſurer leſdites intervalles par leurs nombres propres, ſoit donques les interualles de deux ſemis tons, ſauoir celuy
de 24. à 25. & l'autre de 128. à 135. miſes en queſtion, pour ſauoir celle
qui eſt la plus grande, lon mettra leſdites deux interualles, comme lon peut voir en
c'eſt exemple, ſauoir le nombre ſuperieur de chacune, ſoubs l'inferieur, puis ſoit multiplié 135. par 25. le produit ſera 3375. lequel lon mettra ſoubs chaſcun deſdits nombres,
apres lon multipliera 24. par 135. le produit ſera 3240. que lon mettra deſſus le nombre
24. apres lon multipliera le nombre 128. par 25. le produit ſera 3200. lequel lon mettra
ſur le nombre 128. ainſi le nombre 3240. ſera à 3375 comme de 24. à 25. car ſi lon diuiſe
chaſcun deſdits nombres 3240. & 3375. par 135. le produit de l'vn ſera 24. & de l'autre 25.
& par la 13. propoſition du ſeptieſme d'Euclide ces nombres ſeront, ſauoir de 24. à 25.
comme de 3240. à 3375. & par la meſme propoſition 2200. ſera à 3375. comme de 228. à 135.
car ſi lon diuiſe leſdits deux nombres 2200. & 3375. par 25. l'vn ſera 128. & l'autre 135.
tellement que lon peut voir que l'interualle de 3200. à 3375. eſt plus grande, que de
3240. à 3375. de $\frac{20}{3375}$, & ainſi quand lon voudra voir la difference de quelque interualle contre vne autre, lon procedera auec la meſme façon.

135	3240	3200		
24	24 ╳ 128		
540	25	135		
270			
3240	3375	3375		

135	128
25	25
675	640
270	256
3375	3200

$\boxed{24}$ $\boxed{25}$ $\boxed{128}$ $\boxed{135}$

PROPOSITION XIII.

*Le diton peut eſtre diviſé en 18. intervalles eſgualles, ou commas, dont les 9. de la partie_
grave, font le ton minor, & les 9. de la partie aigue, font le ton maior.*

POUR entendre ceſte propoſition, ie poſeray ſur le monochorde l'interualle du diton entre C. & E. auec les nombres 14400. pour C. &
11520. pour E. leſquels nombres ſont en proportion ſeſquiquarta,
apres l'interualle entre leſdits deux nôbres, ſera diviſé en 18. parties
eigualles dont les 9. de bas ſerôt entre C. & D & les 9. de haut entre
D & E. ainſi l'interualle de bas ſera côme de 9. à 10. & l'interualle de haut, comme de 8. à 9. & pour ioindre le nombre requis entre
leſdites intervalles faudra ſoubſtraire 11520. de 14400. le produit ſera 2880. qui eſt le nôbre
entre 11520. & 14400. ayant ſon interualle comme de 4. à 5. puis faudra diuiſer ledit nombre d 2880. en 18. parties eſgualles, le produit ſera 160. qui eſt l'interualle de chacun comma, lequel nombre chacune interualle, alors doibt auoir ſi lon aiouſte 9. deſdits comma enſemble, le nombre ſera 1440. qui eſt le nombre de l'interualle entre chacum ton,
mais encores que leſdites intervalles de tons ſoyent eſgualles en nôbre, & en meſure,
ſi eſt-ce que conſiderant l'interualle D .& E. contre D & H. lon
la trouuera plus grande que C. D .contre C. H. car la premiere
eſt ſeſquioctaua, & l'autre ſeſquinona.

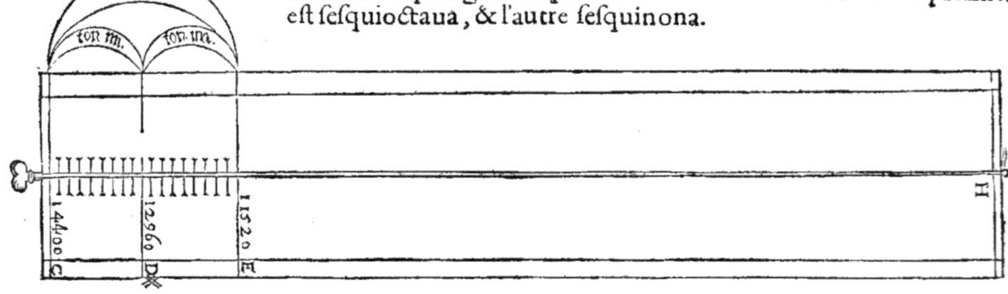

PROPOSITION XIIII.

*Si l'interualle du diton eſt diuiſé en 18. commas eſgaux, & ſi lon en met en la partie gra-
ve 10. & 8. en la partie haute ledit, diton ſera diviſé en deux tons, ſauoir celuy
en la partie grave maior, & celuy en la partie aigue minor.*

MAIS ſi lon vouloit auoir la diuiſion du diton, en ſorte que le ton maior fut en la partie graue, l'on aiouſtera 10. deſdits commas enſemble, & le reſte qui eſt 8. ſera le ton
minor.

PROPOSITION XV.

Les 18. commas comprins en l'interualle du diton, font des proportions diuerfes.

I lon adioufte 160. (qui eft le nombre de l'interualle de chacun comma) à 11520. lon aura 11680. qui eft la mefme proportion, comme de 72. à 73. & fi lon adioufte encores 160. à 11680. lon aura 11840. nombre proportionné auec 11680. comme 73. à 74. apres fi lon adioufte 160. à 11840. le produit fera 12000. nombre proportionné, comme 11840. comme 74. à 75. apres fi lon adioufte 160. à 12000. le produit fera 12160. nõbre proportionné, comme de 75. à 76. apres fi lon adioufte 160. à 12160. lon aura 12320. nombre proportionné, comme de 76. à 77. apres fi lon adioufte 160. à 12320. lon aura 12480. nombre proportionné auec 12320. comme de 77. à 78. apres fi lon adioufte 160. à 12480. le produit fera 12640. nombre proportionné, auec 12480. cõme de 78. à 79. apres fi lon adioufte encores 160. le produit fera 12800. nombre proportionné, auec 12940. cõme de 79. à 80. ainfi ces 8. interualles en la partie aigue font iuftement la mefure du ton minor, apres lon pourfuiura toufiours, adiouftant 160. à chacun nombre, & lon aura les nombres proportionnez, fuiuãt la grandeur defdites interualles, comme il fe peut voir en la prefente figure, & fi lon veut auoir le ton maior en la partie aigue, lon adiouftera au minor, le comma du milieu, ayant fa proportion comme de 80. à 81. & ainfi ceft interualle de comma fe pourra adioufter à l'vn ou à l'autre ton felon la neceffité, laquelle fera monftree cy apres.

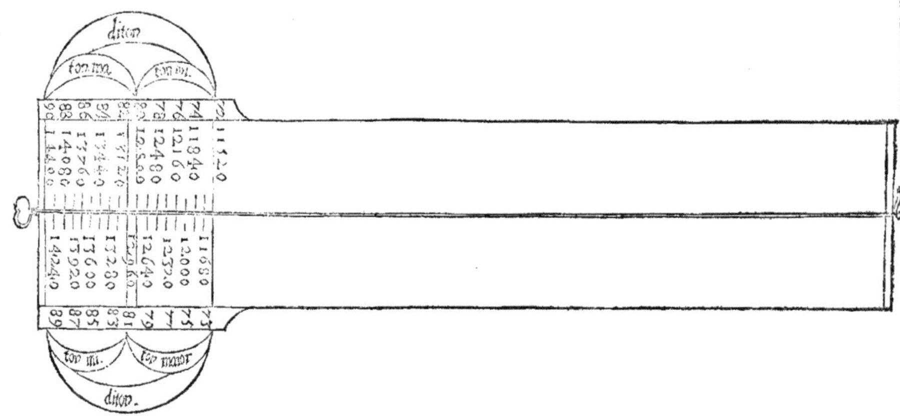

PROPOSITION XVI.

Si vne corde eft diuifee en fix efgualles parties, lon aura les iuftes intervalles, de cinq confonnantes.

Oit la corde A.G. diuifee en 6. parties efgualles, fçauoir A.B. B.C. C.D. D.E. E.F. F.G. il fe peut voir que A.C. auec A.B. eft en double proportion, qui eft la iufte interualle du diapafon, & A.C. auec A.D. eft fefquialtera, qui eft l'interualle iufte de diapente, & A.D. auec A.F. eft fefquiterra, qui eft l'interualle du diateffaron, & A.E. auec A.F. eft l'interualle du diton, eftant fefquiquarta, & A.F. auec A.G. eft fefquiquinta, qui eft l'interualle du femy diton, ainfi ces interualles feront diuifees fur vne corde.

A   ¹B   ²C   ³D   ⁴E   ⁵F   ⁶G

PROPOSITION XVII.

Si vne ligne droite eſt tiree d'vn des angles d'vn quarré, à l'vn des coſtez opoſite audit an-
gle, diuiſant ledit coſté par la moitié, & qu'il y aye 8. paralellogrammes eſgaux,
entre eux, leſquels trauerſeront ladite ligne, l'on trouuera toutes les
interualles vſitez en la Muſique, ſur les ſections des li-
gnes des paralellogrammes.

OIT vn quarré marqué A.B.C.D. & la ligne droite tiree de l'angle A. au point E. diuiſant B.D. en deux parties eſgualles, apres ſoient faits les 8. paralellogrammes eſgaux trauerſans ladite ligne, il eſt certain que par la quatrieſme & dixieſme du fiſieme d'Euclide, que la ligne A.E. ſera coupee en huit eſgalles parties, & auſſi ſi E. B. contient huit parties T.M. en contiendra 7. & S.L. en contiendra 6. & R.K. 5. V.I. 4. & Q.H. 3. & P.G. 2. & O.F. vne partie, & ainſi O.*b*. ſera en proportion ſeſquiquinta decima, auec F.*b*. ou A.C. qui fait la proportion du ſemi ton maior, & M.*h*. eſt en proportion ſeſquioctaua, auec E.D. qui eſt la proportion du ton maior, & L. *g*. ſera en proportion ſeſquiſnona, auec M. *h*. qui eſt la proportion du ton minor, & I. *e*. ſera ſeſquiquinta auec L.*g*. qui eſt la proportion du ſemyditon, & E. D. ſera auec L.*g*. en proportion ſeſquiquarta, qui eſt la proportion du ſemy diton & M. *h*. ſera auec I.*e*. en proportion ſeſquiterza, qui eſt la proportion du diateſſaron, & E.D. ſera auec I.*e*. en propor-

tion ſeſquialtera, qui eſt la proportion de la diapente, & E. D. ſera auec A.C. en proportion dou-
ble, qui eſt la proportion du diapaſon, & Q.H. ſera auec R.K. en proportion ſuperbipartiēte terza. qui eſt la proportion de l'Hexacorde maior, & R.K. ſe-ra auec B.E. en proportiō ſupertripartiente quinta, qui eſt la proportion de l'Hexachorde minor, & ainſi toutes les proportions ſufdites, ſe trouue-ront encores entre d'au-tres ſections deſdites li-gnes, voire ſe pourront redoubler, cōme du diſ-diapazon double diapen-te, & pluſieurs autres doubles interualles, tel-lemēt que toutes les pro-portions muſicalles, dōt

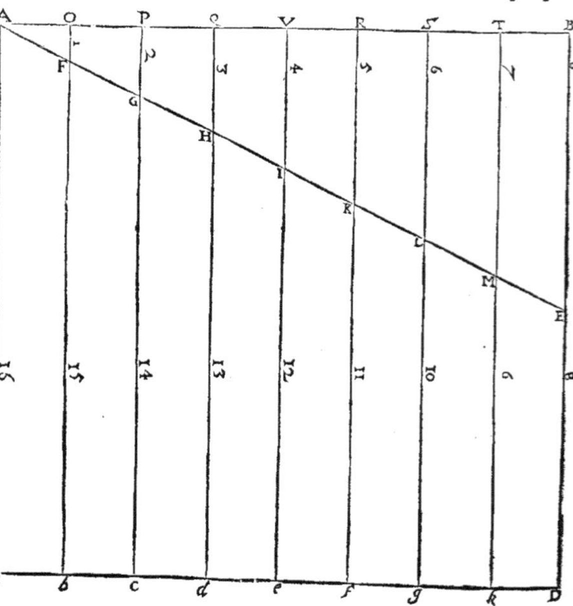

nous uſons à preſent ſe trouue en ce quarré, reſte que les trois ſections de lignes G. C. H. *d*. H. *d*. & K. *f*. n'ont aucunes proportions auec les autres.

PRO-

PROPOSITION XVIII.

Toutes les consonnantes Musicales sont contenus au nombre huitiesme.

IL a esté monstré par cy deuant, que l'Hexacorde minor à sa proportion comme de 3. à 8. c'est pourquoy ne se trouuant point de nombres plus petits pour faire ceste proportion, il est necessaire d'aller iusques audit nombre de 8. pour enclorre aussi les autres consonnantes dedans. Soit donques fait vn cercle, dont la circonference sera diuisée en 8. parties esgualles, & soit tiré vne portion de cercle de chacune diuision à la partie opposite, mais le nombre 7. on le laissera comme inutille, & ainsi toutes les diuisions se trouueront entre les portions de cercle, comme elles sont notees entres lesdites diuisions. Zarlin a voulu monstrer, que toutes les consonnantes se trouuent dans le nombre senario, qui est le sisiesme, ce nombre à la verité est fort excellent, mais il est certain que l'Hexacorde minor ne se trouue point enclose audit nombre, & de dire que l'Hexacorde susdite a sa proportion du diatessaron & semyditon ensemble, cela est vray, mais il faut que ledit diatessaron & semyditon soyent ioints ensemble, pour faire ladite proportion de l'Hexacorde minor, comme elle se trouue icy, mais au nombre senario ledit diatessaron & semyditon ne se trouuent ioints ensemble Et quand au nobre 7. i'ayme mieux qu'il soit superflu, que de manquer au 8. qui est necessaire.

Zarlin in-stention. Chap. XV.

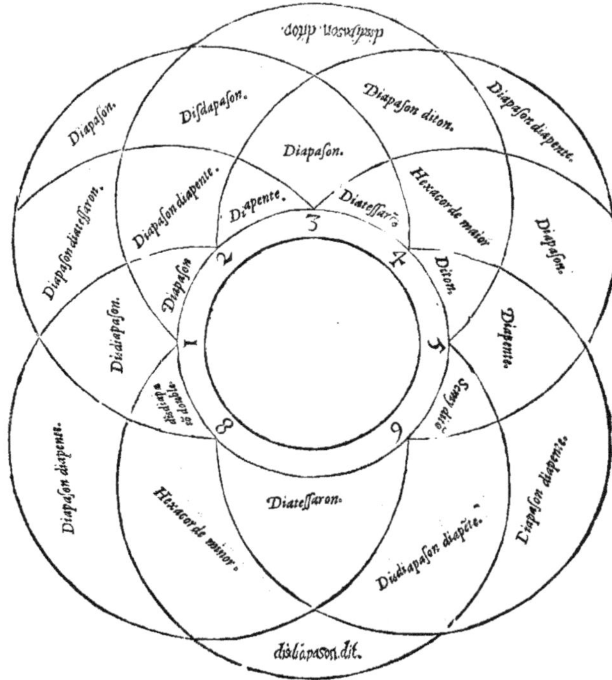

PROPOSITION   XIX.

La raiſon pourquoy le monochorde de Ptolomee eſt eſtimé plus parfait , que ceux qui eſtoyent au precedent ſon temps.

Liure I.
Chap. 20.

LEs premiers inuēteurs de la muſique comme dit Boece, ont eſtez fort pauures en conſonnantes , cela ſe peut voir par la repreſentatiō de la Lire que ledit Boece met en auant de l'inuention de Mercure laquelle eſtoit ſeulement de quatre cordes differentes en ſons , comme il ſe peut voir en la preſente figure compoſé de trois conſonnantes ſeulement, ſçauoir diapaſon, diapente, & diateſſaron & n'ay encores ſeu aprendre par aucun autheur, que lon uſat auparauantle temps de Ptolomee d'autre conſonnantes, ſinon de ces trois, & du depuis l'inuention dudit tetrachorde, Terpander l'augmenta iuſques au nombre de ſept cordes, puis Sanius Lichaon, y adiouſta encores vne, & apres luy, lon y adiouſta encores par pluſieurs, iuſques au nombre de ſeze cordes ſeparees par quatre tetrachorde, & encores qu'il y eut telle quantité de cordes, ſi eſt-ce qu'ils n'vſoyent comme i'ay dit d'autres conſonnantes, ſinon des trois ſuſdites , cela ſe peut teſmoigner par leur monochorde ou ſiſteme , auquel le diton n'y ſemi diton, ne ſont en leurs proportions comme ils doibuent eſtre.Ie donneray icy la repreſentation dudit monocorde, ou ie mettray ſur vn des coſtez les interualles antiques ſelon l'inſtitution de Pitagoras, comme dit Boece, & de l'autre coſté, ie mettray leſdites interualles de l'inſtitution de Ptolomee ou il ſe peut voir que l'interualle A.C. qui eſt le ſemy diton eſt trop petite,ſelon la meſure donnee de Pitagoras , car ladite interualle doibt eſtre ſ. ſquiquinta, qui eſt comme de 5. à 6. ou de 25. à 30. & à celuy dudit Pitagoras elle ne contient que comme de 27. à 32. & pour monſtrer iuſtement la difference, i'ay apoſé à la corde prolambanomene (tant à l'vne comme à l'autre inſtitution) le nombre 17280. & à la corde parhipate hipaton de Pitagoras le nombre 14580. car ces deux nombres ont telle proportion enſemble, comme de 9216. à 7776. qui ſont les nombres repreſentez par Boece, car ceux icy repreſentez contiennent autant de fois 30. comme ceux de Boece autant de fois 16. & ainſi pour auoir l'interualle du ſemy diton au deſſus de ladite corde prolambanomene, lon diuiſera tout ledit nombre en ſix parties eſgualles, comme a eſté enſeigné cy deuant, puis faudra adiouſter cinq deſdites parties enſemble, qui font 14400. & ainſi il y auroit difference d'vn nōbre à l'autre de 180. tellement que leſdits deux nombres eſtans diuiſez chacun par 180. le produit de l'vn fait 81. & de l'autre 80. qui eſt l'interualle du comma, ainſi la corde de paripate hipaton de Pitagoras, ſeroit plus baſſe qu'il ne faut d'vn comma, apres il y a encores vne autre interualle en la corde paripate meſon, comme il ſe peut voir, laquelle ne s'accorde auec celle de Ptolomee, qui eſt vn diton plus bas que meſſe, & celle de Pitagoras eſt vn diton, & vn comma plus bas comme il ſe peut voir aux nombres 10635. & 10800. car chacun d'iceux eſtant diuiſez par 135. qui eſt la difference d'vn deſdits nombre à l'autre , le produit de l'vn ſera 80. & de l'autre 81. voila donques en quoy different ces deux monochordes, & comme celuy de Pitagoras a eſté fait ſeulement pour trouuer le diapaſon , diapente , & diateſſaron, chacun en leur proportion, mais Ptolomee y a adiouſté les interualles du diton & ſemy diton leſquelles n'auoyent leurs iuſtes interualles au parauant.

Iure I.
Chap. II.

Liure IIII.
Chap. 10.

P R O·

MONOCHORDE GRA
LES, PAR LEQUEL SE PEUT
la conſtitution de Ptolomee

Toutes les intervalles de ce coſté,
ſont de l'inſtitution de Ptolo-
mee.

DUE PAR INTERVAL-
VOIR LA DIFFERENCE DE
à celle de Pitagoras.

Toutes les intervalles de ce coſté,
ſont de l'inſtitution de Pita-
goras.

Nette hiperboleon.

Paranette hiperboleon de Ptolomee.

Trite hiperboleõ ſelõ Ptolomee.
Nette diezeugmenon.

Paranette diezeugmenon, ſelon
Ptolomee.

Paranette diezeugmenon, ſelon
Ptolomee.

Paramese.
Trite ſinemenon.

Meſſe.

Lichanos meſon, ſelon Ptolomee.

Parlipate meſon, ſelon Ptolomee.

Hipate meſon.

Lichanos hipaton, ſelon Ptolomee.

Parhipate hipaton, ſelon Ptolomee.

Hipate hipaton.

Ptolombanomene.

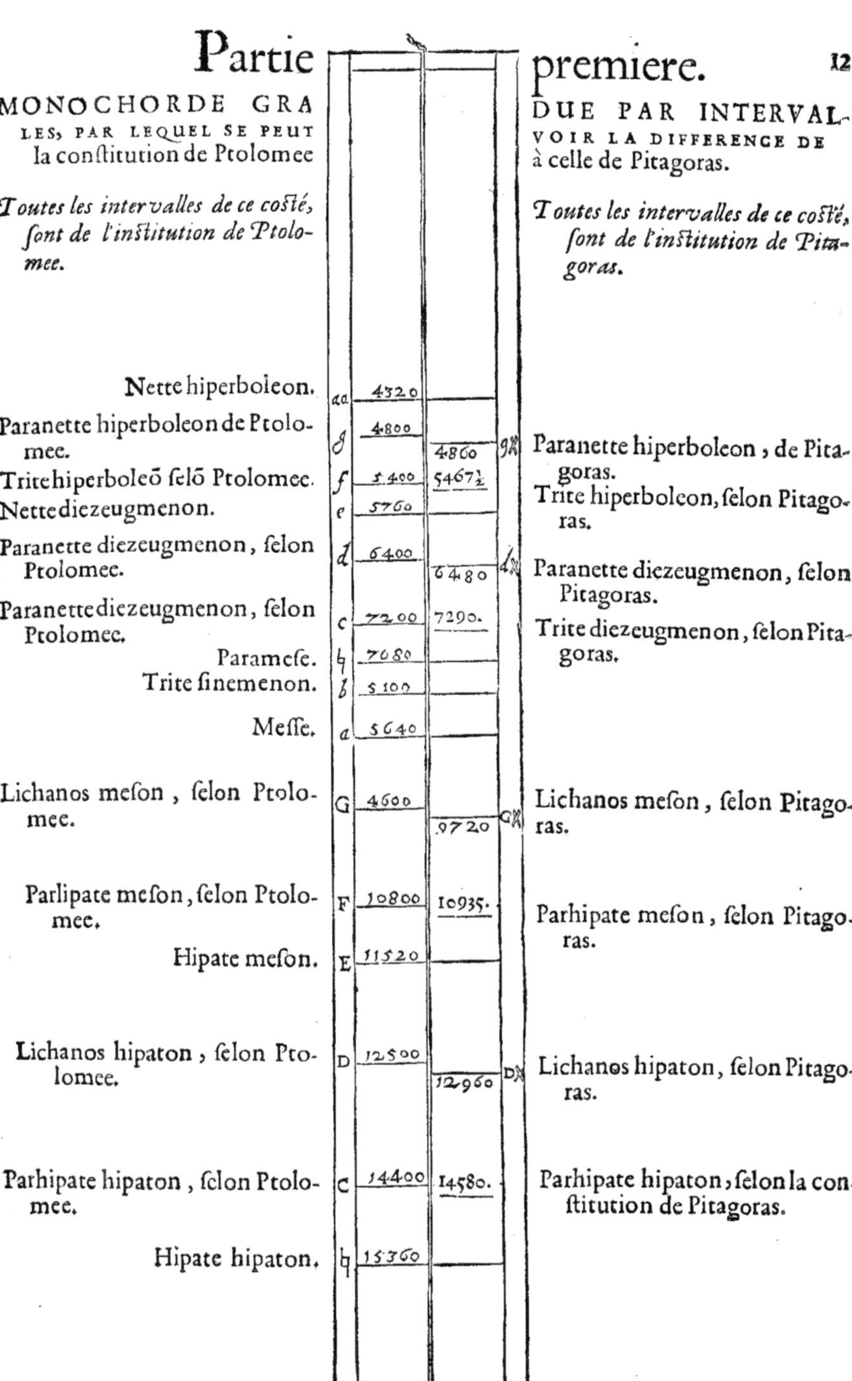

Paranette hiperboleon, de Pitagoras.
Trite hiperboleon, ſelon Pitagoras.

Paranette diezeugmenon, ſelon
Pitagoras.
Trite diezeugmenon, ſelon Pita-
goras.

Lichanos meſon, ſelon Pitagoras.

Parhipate meſon, ſelon Pitagoras.

Lichanos hipaton, ſelon Pitagoras.

Parhipate hipaton, ſelon la conſtitution de Pitagoras.

PROPOSITION XX.

Au monochorde Ptolomee, les inter-
valles ne se peuuent accorder tou-
tes les vnes auec les autres, selon
leurs vrayes proposstions.

IL a esté demonstré à
la precedente propo-
sition, que Ptolomee
a trouué les vrayes
proportions du ditō
& semy diton, & les
a ioints auec les interualles comprises au monocorde, si est ce qu'elles ne sont encores & ne peuuent
estre en leurs proportions, toutes
les unes contre les autres, ce qui a
esté assez bien monstré par cy deuant par Louys Foliani de Modene,
quand il dit, qu'il est besoing pour
suppleer à ce defaut, qu'il faut aiou-
ster encores vne corde, *a* de sol ré,
c'est à dire qu'il faut auoir deux de
sol ré, & aussi deux *b* mol. Et Zarlin
a encores congneu ce defaut audit
monochorde, lequel il a corrigé
vn peu plus amplement, toutefois
il y a encores de la difficulté cōme
sera monstré par cy apres. Pour dō-
ques commencer, ie representeray
icy les interualles dudit monochorde sur vn des costez diceluy, & de
l'autre costé seront les cordes ne-
cessaires pour mettre au defaut de
celles qui ne vienne en leurs iustes
proportions: premierement le diatessaron A. D. Selon Ptolomee n'a
pas sa iuste mesure de sesquiterza, &
pour ne manquer ladite interualle,
on aioustera vne corde de l'autre costé marqué D. (laquelle sera vn
comma plus bas que D) ou sera
pour nombre 12960. ainsi il se peut
voir, que ladite corde est diatessaron contre A. & diapente contre *a*.
apres l'interualle G.*b*. qui doibt e-
stre vn semy diton, & auoir sa proportion sesquiquinta, ne la pas
au monochorde de Ptolomee, mais
si lon aiouste vne corde marquee
G . vn comma plus bas que G.
ayant pour nombre 9720. il est certain

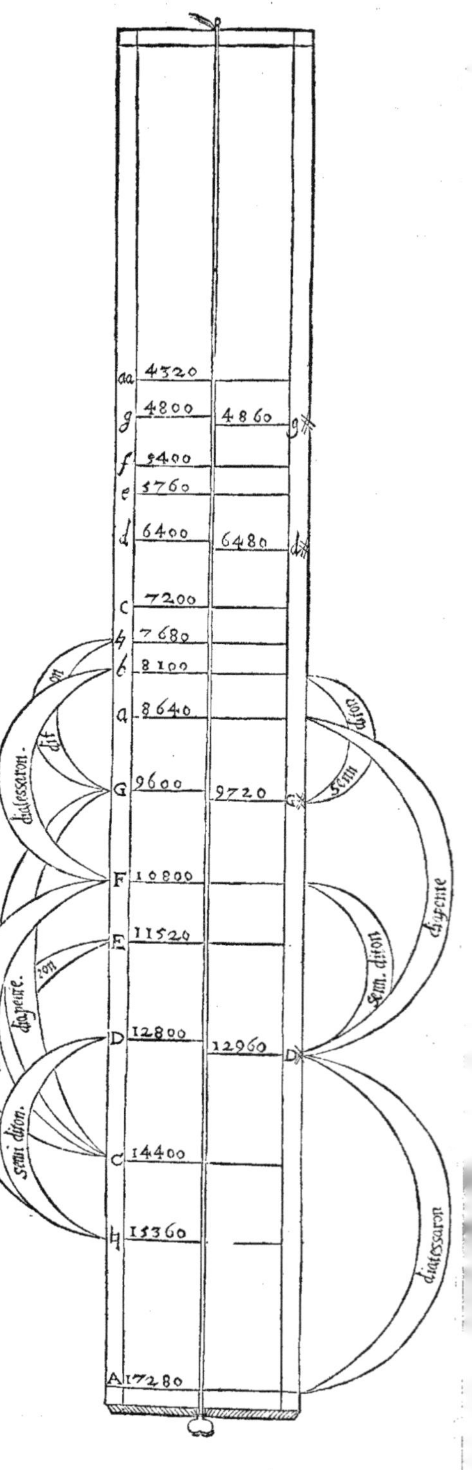

tain que ladite corde fera femy diton contre *b.* & auffi diateffaron contre G. ✳. ainfi
ces deux cordes feront neceffaires d'eftre iointes entre celles du premier diapafon, de
la partie graue du Monochorde, & auffi on pourra en faire autant en la partie aiguë,
& ioindre encores deux autres cordes, & alors toutes les cordes lefquelles ne pourront
s'accorder enfemble audit Monochorde de Ptolomee, s'accorderont auec vne de ces
quatre, comme i'en ay mis encores quelque vnes pour exemple, l'interualle C. F. eft
diateffaron mais F. ne peut eftre femyditon contre D. doncques lon prendra la corde D. ✳. qui eft vn comma plus bas que D. pour eftre le iufte femyditon, auffi F.
b. eft vn diateffaron, mais *b.* G. ne peut eftre vn iufte femyditon, lon prendra dõc-
ques la corde G. ✳. & alors le femyditon *b.* G. ✳. aura fa proportion, mais aucuns pourroyent dire, fi lon baiffoit ♮ d'vn comma, qu'il ne feroit point befoing
d'avoir ces deux cordes en de Sol ré, à cela ie refponds que s'il eftoit plus bas, qu'il
faudroit adioufter encores vne corde à E. d'autant qu'il faut que ♮. E. foit diateffaron, & en outre il y auroit encores autres difficultez, lefquelles ne fe pourroyent
pas bien accommoder, ainfi doncques il fera neceffaire pour auoir le Monochorde
parfait de ces deux intervalles, d'aioufter les quatre fudites cordes.

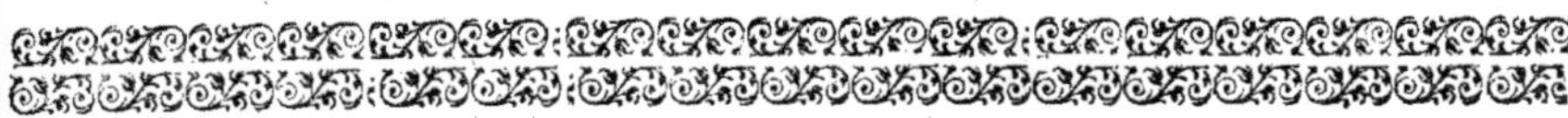

PROPOSITION XXI.

Les intervalles felon qu'elles font divifees au precedent Monochorde ne s'accor-
dent du tout auec la voix.

Oɪᴛ vne Orgue montee en façon qu'il y ait deux tuyaux pour de
la fol ré, & autant pour G. Sol re ut, felon noftre reformation,
& auffi qu'il y aye vne touche à chacun tuyau, pour toucher celuy
qui viendra à propos felon la precedente Definition, comme par
exemple, fi lon veut fonner ces quatre no-
tes fuiuantes: Il faudra pour fonner la vraye
diapente en bas, de a la mi ré, prendre la
touche D. ✳. & pour prendre le femy diton en bas de *b.* fa.
faudra prendre la touche G. ✳. & ainfi ces quatre fons feront en leurs vrayes intervalles, mais apres fi lon vient à fonner ces cinq notes alors il faudra prendre les touches D. & G. hautes, à celle fin de rendre le femy diton E. G. en fa vraye interualle, & le diateffa- ron D. G.
& auffi le femy diton ♮. D. tellement que ces cinq notes auffi
s'accordent auec noftre inftitution, & par ces exemples lon voit que s'il falloit fuiure
lefdites notes de la vois auec les Orgues, qu'il faudroit abaiffer ou hauffer ladite vois
aufdites notes D. & G. felon qu'elles font icy notees, toutesfois c'eft chofe affez co-
gnue, que les vois ont leurs confonnantes & interualles certaines, fans aucune varia-
tion, nous conclurrons doncques, que les confonnantes & interualles, felon qu'elles font diuifees au Monocorde, font les plus aproçhantes de la nature, neantmoins
elles ne s'accordent du tout, auec içelle nature.

D   PRO-

PROPOSITION XXII.

La voix naturelle peut ſe fleſchir vn peu tirant ſur le graue, ou ſur l'aigu, pour trou-
uer les vrayes conſonnantes ſelon noſtre inſtitution, mais toutesfois
ce qui ſe fait par ce moyen, eſt contrainte.

CELLE fin de ne rien obmettre, dece qui ſe pourroit dire à l'encon-
tre de la precedente propoſition, ie propoſeray icy vne queſtion, ſauoir, ſi c'eſt la voix qui ſe fleſchit vn peu en bas, ou vn peu plus haut,
pour trouuer les interualles en leurs meſures, ſelon noſtre inſtitution, ou bien ſi la voix naturelle tient vn autre ordre, à cela ie re-
ſpondray, que veritablement s'il eſtoit ainſi que nos proportions
fuſſent naturelles, ſans doubte elles s'accorderoyent du tout auec
les voix, mais ie monſtreray icy vn exemple, que cela ne peut eſtre, ſoyent doncques
trois notes diſpoſees en ceſte façon, en ſorte que les deux interualles ſoyent deux ſemy ditons, qui font le triton, ainſi celuy
de bas, de ♮. en d. ſol ré, aura ſa proportion requiſe, ſauoir
de 6. à 5. mais celuy de haut, de d. ſol re a f. ut, aura ſon interualle ſuper quinta partiente 27. ou comme de 32. à 27. qui
eſt vn cōma plus petit qu'il ne faut, comme a eſté monſtré cy

deuant, en la dixhuitieſme propoſition, ainſi ie dis que ſi la voix les chantoit, ſuiuant
ces proportions icy, il faudroit qu'elle fit erreur à la premiere interualle, ou à la derniere, d'autant qu'elles ne ſont icy ſemblables, & ſi lon vouloit abaiſſer la note fa ut
d'vn comma, elle ne s'accorderoit auec les autres notes, qui pourroyent eſtre deuant
ou apres, d'autant que c'eſt vne des cordes ſtabilles, ne noſtre Monochorde, voyla
donques comme la nature de la voix, ne s'accordent du tout auec l'artifice, ce qu'il
ſera demonſtré encores, à la ſuiuante propoſition.

PRO.

PROPOSITION XXIII.

*Les mouuements & interualles proportionnez de la nature, se font auec vne
proportion incogneue à nous.*

LA DIVINE puissance ayant creé le monde, & tout ce qu'il contient,
a voulu qu'il se fit vne varieté de mouuements proportionnez en i-
celuy, tant du firmament & des Planettes, comme aussi de la mer
par son flus & reflus, or de ces mouuements, nous congnoissons
au plus pres le temps de leurs reuolutions, mais de l'auoir au certain,
il n'est possible à l'homme, d'autant que quand nous voulons auoir
la congnoissance de quelques proportions, il nous faut seruir de nõ-
bres & mesures inuentees pour nostre necessité, mais Dieu qui ne se sert desdits nombres, a voulu que tout ce qu'il a ordonné, fut proportionné sans s'asubiectir à nos nõ-
bres, le mouuement celeste le plus congneu à nous est celuy du Soleil, d'autant que
par iceluy nous reiglons les Annees Moys & iours, toutesfois la reuolution de son
cours, ne nous peut estre congneue au iuste. Du temps de Numa Pompilius, les Latins iugerent, que le Soleil accomplissoit son cours en 365. iours, ce qui fut reformé
du temps de Iulius Cesar dictateur, par le conseil d'vn Mathematicien excellent, nommé Sosigenes, lequel ordonna, que de douze en douze ans, lon feroit vn iour de bisexte, ce qui fut corrigé vn peu apres, par le mesme Sosigenes, (comme recite Pline,)
& apres auoir fait trois liures de corrections sur le mesme cours du Soleil, laissa encores la chose en doubte, vn peu apres, ledit Calendrier fut encores corrigé, & fut ordonné vn iour de bisexte, de quatre en quatre ans, ce qui a duré 16. ou 17. cens ans,
iusques au temps du Pape Gregoire, lequel par l'advis de plusieurs excellens Astro-
nomes retrancha dix iours escoulez depuis la mort de Iesus Christ, iusques en l'an 1582.
or de dire que le Soleil face son cours, suiuant le nombre des iours, heures & minu-
tes que nous luy assignõs à present, il n'y a homme qui le puisse demonstrer, que par
apres le temps, qui est pere de la verité, ne face demonstration du contraire, quand
au cours des autres Astres, & aussi de la mer, qui se gouuerne suiuant le cours de la
Lune, il est tout euident qu'ils ne nous sont congneus precisément. Or pour reue-
nir à nos proportions harmoniques, ie dis, que les consonnantes & interualles naturelles, selon que la prouidence diuine les a ordonnees, ne nous sont congneues
non plus precisément, que les mouuemens celestes, & mesmement ne peuuent estre
comprises soubs nos nombres, comme il se peut voir en la precedente proposition,
& la faute vient comme i'ay dit, que Dieu ne veut pas permettre à l'homme, de con-
gnoistre ses ouures parfaittement, d'autant qu'il n'y a rien de parfait en nous, aussi
veritablement ceste science ne pourroit pas estre dite diuine, comme elle est estimee,
si nous auions la congnoissance parfaite de ses proportions.

*Pline 18. li-
vre Chap.
31.*

D 2   PRO-

PROPOSITION XXIIII.

Pour l'accompliſſement d'vne bonne harmonie, il eſt neceſſaire de diuiſer les inter-
valles des tons du Monochorde en deux ſemy tons.

I L ne ſe peut trouuer par aucun Autheur digne de foy, que les anti,
ques Grecs ou Latins, ayent vſé de ceſte diuiſion de tons, comme
nous vſons maitenant, ce qui monſtre euidemment que leurs Muſique n'eſtoit pas ſi accomplie comme la noſtre, & de dire qu'ils
pouuoyent faire vne excellente harmonie, ſans vſer deſdites diuiſions, communement dites feintes, tous ceux leſquels entendent
la compoſition maintiendront le contraire, d'autant qu'ils trouuent vne grande aide auſdites diuiſions, pour repreſenter vne varieté d'harmonie. Ie repreſenteray doncques icy le moyen de les diuiſer : Soit premierement toutes les interualles du Monochorde, ſelon qu'elles ont eſté monſtrees à la vintieſme propoſition, miſes à l'vn des coſtez du Monochorde, & d'autant que les cadences de noſtre Muſique, ſe font le plus ſouuent auec vn diton en la partie aigue, il
ſera doncques fort à propos, de poſer vn diton au deſſus de chacune corde, comme par
exemple, ſi vne cadence finit en ceſte façon, Il eſt debeſoing   *baſſe   tenor   ſuperius*
que la notte C. Sol fa ut, aſſiſe en la partie aigue ſoit diapaſon
diton, contre celle qui eſt en la partie graue, ce qui ne peut
eſtre fait ſans aide de la corde notee C. ✳. & du nombre
13824. laquelle aura ſon diapaſon 6912. apres ſi vne cadence
ſe finit, la partie baſſe & la partie haute, en ♮. il ſera auſſi beſoing quelquefois, que le
deſſus ſoit encores vn diton plus haut que ledit ♮. ſe trouuera au Monochorde en la
lettre D. ✳. & pour nombre 12288. quand au diton au deſſus de C. il ſe trouue en
E. mais les ditons des deux cordes. D. & D. ✳. ſe trouueront au deux lettres F. ✗.
& F. ✳. & ainſi on pourra continuer, donnant à chacune corde du Monochorde
reformé, vn diton au deſſus, & quand à la corde ♮. d'autant qu'elle ne peut donner
le diton contre ✳. G. il ſera beſoing d'y adiuſter encores vne corde, du nombre de
7776. mais lon pourroit dire icy, que leſdites feintes s'accordent bien auec les cordes
que i'ay nommees, mais leurs interualles ne correſpondent pas, auec toutes les autres
cordes, ſuiuant noſtre inſtitution, comme par exemple D. & C. ✳. eſt vne intervalle comme de 25. à 27. qui eſt plus grande qu'vn demi ton d'vn comma, mais D. ✳.
eſt le iuſte demi ton, contre ledit C. ✳. tellement que ſi lon eſtoit contraint de deſcendre de D. en C. ✳. l'interualle ſeroit trop grand, à cela ie reſponds, qu'il ny peut auoir
de remede à ce defaut, à cauſe que les vrayes proportions ne ſont compriſes aux nombres, comme i'ay monſtré en la precedente, mais ce defaut ne peut aporter aucune
diſcordance à l'ouye, ains plus toſt de la grace, ſi leſdites feintes ſont en leurs iuſtes
interualles, comme ie leur ay donné.

D   PRO-

MONOCHORDE GE-
TERVALLES DES TONS
semy tons,pour l'augmen-

NERAL OV LES IN-
SONT DIVISEES EN DEUX
tation de l'harmonie.

*De ce cofté icy font toutes les fein-
tes neceffaires, pour accom-
plir vne bonne harmonie.*

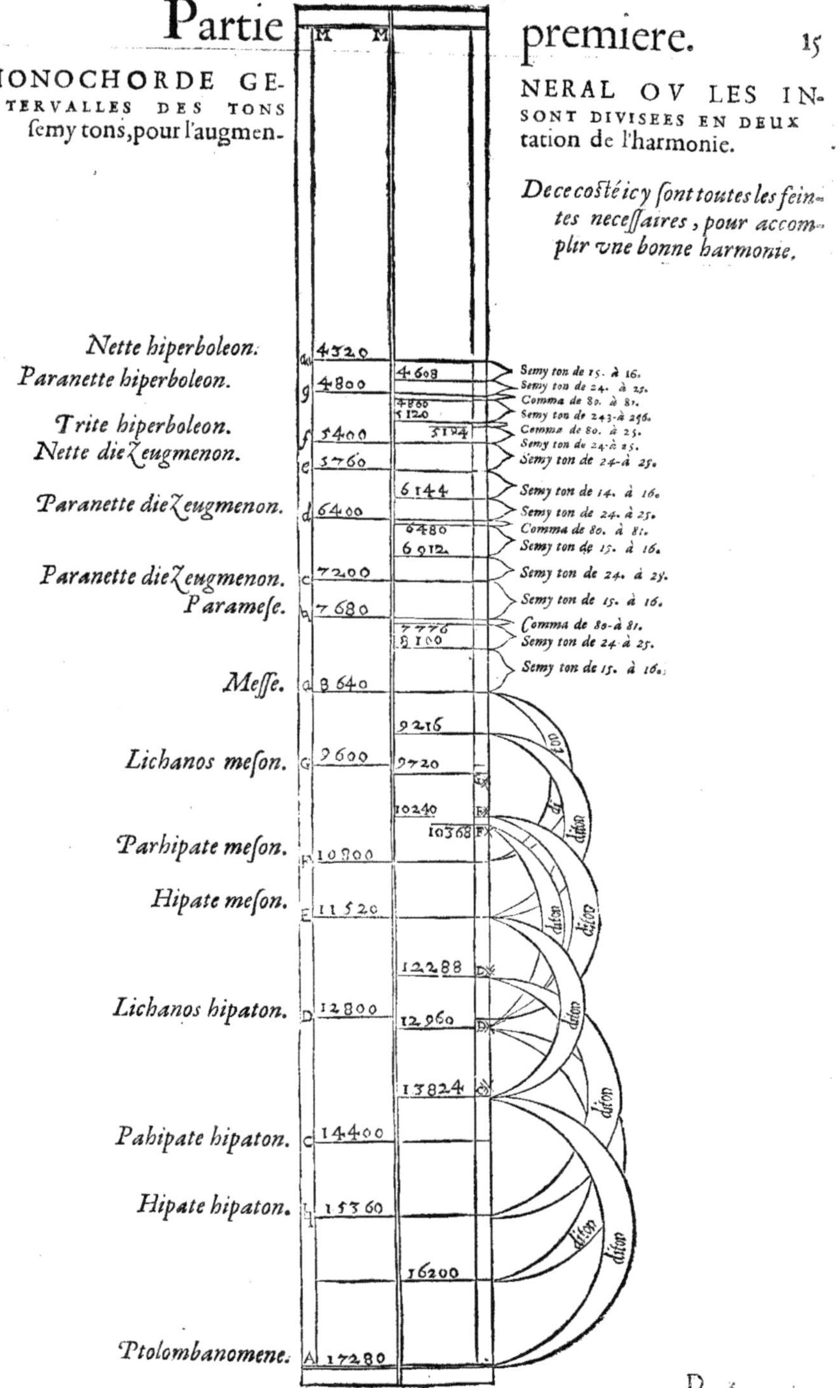

PROPOSITION XXV.

Si les diuifions de D. G. & b. font oftees du Monochorde , toutes les autres auront leurs proportions les vnes auec les autres, en forte que la congnoiffance de la nature fe trouuera en l'art.

 O u r exemple de cefte propofition , foit fait fur vn Monochorde les dix diuifions fuiuantes . A. ♮. C. E. F. *a.* ♮.*c.e.f.aa.* cõmeilfe peut voir en la figure fuiuãte. Soit premieremẽt diuifee lacorde ou efpace du Monochorde en 17280. ou bien en 144. parties dont la moitié fera 8640. ou 72. pour *a.* & les ⅔. dudit nombre 144. qui font 96. pour E. & les ⅚. qui font 120. pour C. puis foit adioufté *a.* 96. la troifiefme partie dudit nombre, qui eft 32. & lon aura 128. pour ♮. foit auffi adioufté à 72. le ¼. dudit nõbre, 18. & lon aura 90. pour F. & femblablemẽt lon diuifera le diapafon au deffus de *a.* & lon aura les 10. interualles fufdites, diuifees par iuftes confonnantes les vnes contre les autres, fuyuant noftre inftitution, comme il fe peut voir par la defcription entre chacune interualle laquelle eft fur les portions de cercle pour monftrer le renuoy de l'vn , fon a l'autre, chacune divifion eft accompagné de fon nombre comme aux monochordes precedents, lefquels nombres, i'ay pofé d'vn cofté de la corde, & del'autre cofté, i'ay mis d'autres nombres plus petits, ayant les mefmes proportions entre eux, comme les grands, & font plus aifees a examiner les vns contre les autres , que ne font les grands , & quand aux trois autres diuifions D. G. & *b.* fi on les penfe adioufter icy entre les autres interualles, fi D. eft confonnante contre A. elle fera diffonnante contre ♮. comme il fe peut voir en la 19 propofition, & ainfi fera il de G. & *b.* tellement qu'il fe peut voir, que lefdits 10. interualles font telles de l'vn à l'autre, comme nous les trouuons en la nature, & felon noftre inftitution.

PROPOSITION XXI.

Les interualles du ton maior , & femy ton maior , fe trouuent icy eftre interualles naturelles.

L fe peut voir icy par cefté diuifion naturelle, que le ton maior & le femy ton maior, fe trouuent enclos entre les confonnantes, tellement que nousleur pourrons donner les tiltres d'interualles naturelles.

PROPOSITION XXII.

L'intervalle du ton minor ne fe trouue point en la diuifion naturelle.

Ais le ton minor ne fe trouue point en ladite diuifion, toutefois nous fommes contrains d'en ufer en fuite du ton maior, autrement le diton ne pourroit auoir fa proportion, comme il fe peut voir en la premiere propofition , nous le nommerons interualle artificielle.

MONOCHORDE OU
TES LES INTERVALLES
ont leurs iustes proportions
vant nostre

DIVISION DE TOU.
NATURELLES LESQUELLES
les vnes auec les autres suy-
institution.

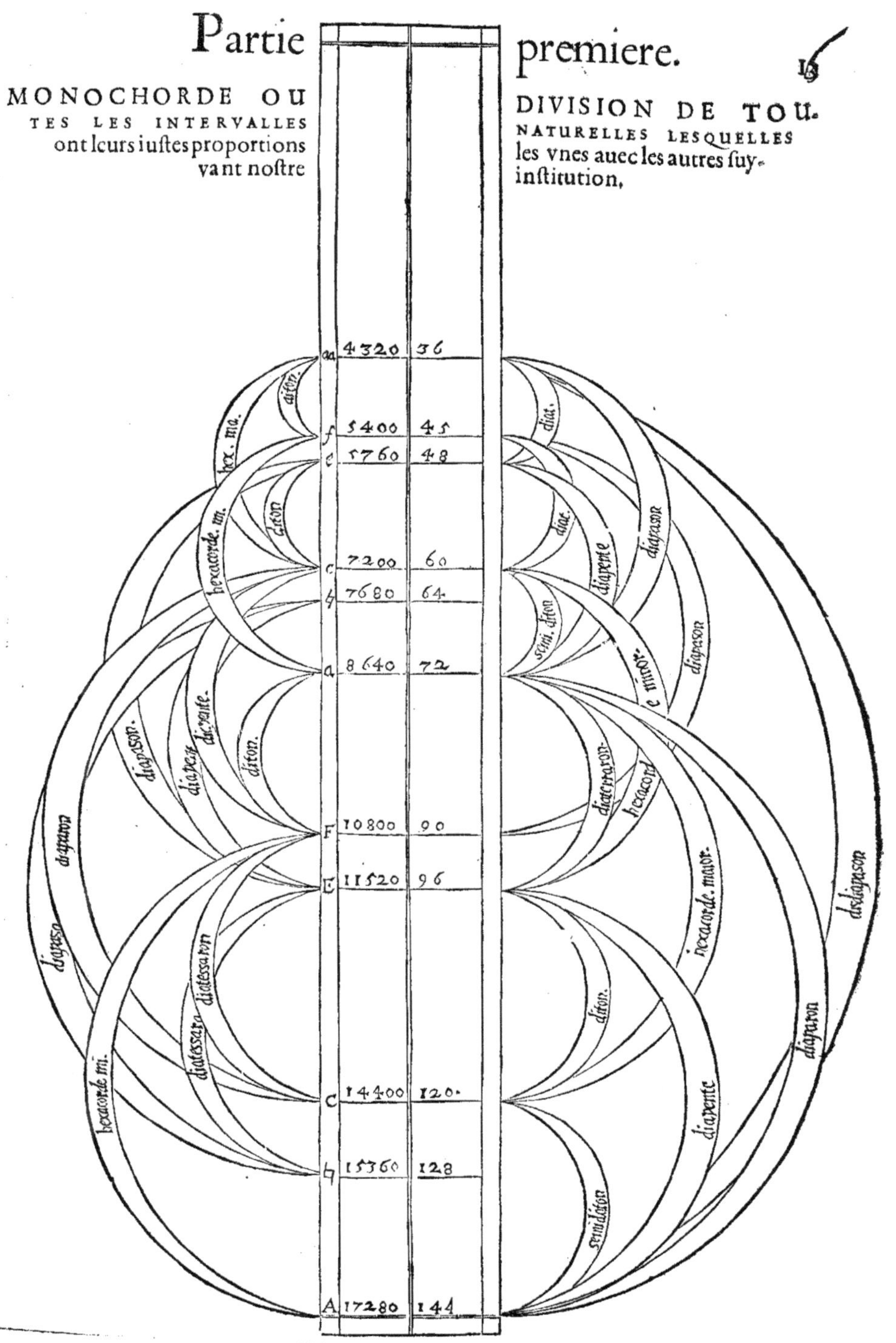

C 4

PROPOSITION XXVIII.

L'interualle du ſemy ton minor, ne ſe trouue point en la diuiſion naturelle.

Q UAND au ſemy ton minor, il ne ſe trouue point en ceſte diuiſion, & encores qu'il ſe trouue au Monocorde general, toutefois il ne s'vſe point en la muſique, d'autant qu'il n'a nulle correſpondance, de conſonnante auec, par vne des autres diuiſions, tellement que nous le tiendrions inutille.

PROPOSITION XXIX.

Si l'intervalle compris entre les deux ſons du diapaſon eſt diviſee en deux eſgualles parties, l'vne deſdites parties ſera diateſſaron, & l'autre la diapente.

S OIT la ligne G. C. diuiſee en deux parties eſgualles au point E. vne deſdites parties ſera en proportion double, auec G. C. qui eſt la proportion du diapaſon, apres ſoit la partie C. E. diuiſee par la moitié au point D. ainſi E. D. ſera ſeſquialtera auec G. D. comme a eſté demonſtré par la ſeziefme propoſition, & auſſi D. C. ſera ſeſquiterza, auec G. C. par la meſme, & ainſi ces deux parties eſgualles feront le diapaſon.

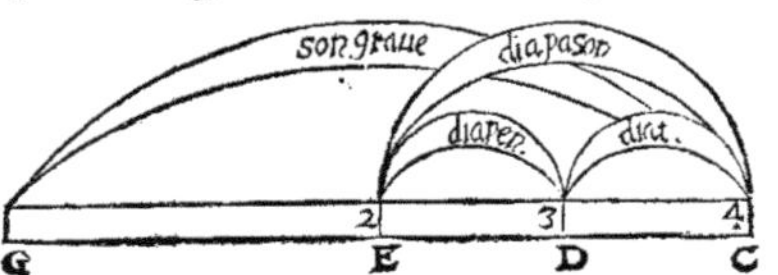

PROPOSITION XXXI.

Si l'interualle compris entre les deux ſons de la diapente, eſt diuiſé en deux eſgualles parties, l'vne deſdites parties ſera vn ſemy diton, & l'autre vn diton.

S OIT la ligne A. G. diuiſee en trois parties eſgualles, & ſoit vne deſdites parties C. G. ainſi A. C. ſera ſeſquialtera, auec A. G. qui eſt la proportion de la diapente, apres ſoit l'interualle C. G. diuiſé en deux parties eſgualles au point B. ainſi A. G. ſera ſeſquiquinta auec A. B. par la ſeziefme propoſition, & A. B. ſera ſeſquiquarta auec A. C. par la meſme, tellement que ſes deux interualles eſgualles feront la diapente.

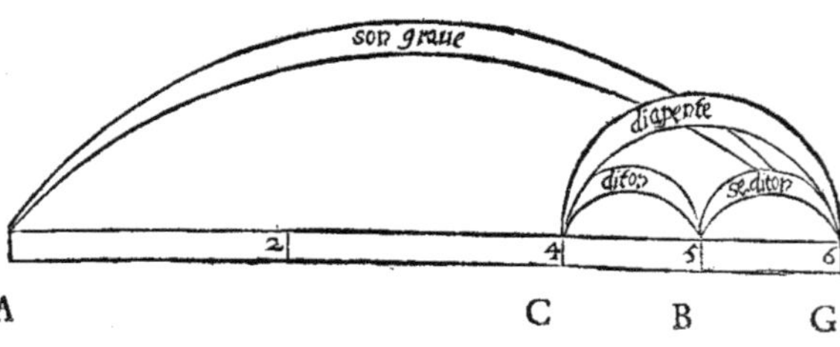

PROPOSITION XXXI.

*Si l'interualle compris entre les deux sons du diton, est divisé en deux esgualles
parties, l'vne desdites parties sera vn ton minor, & l'autre maior.*

Soit la ligne B. G. diuisee en cinq parties esgualles, & soit vne desdites
parties marquee B. C. laquelle sera sesquiquarta, auec B. G. qui est la
proportion du diton, apres soit l'interualle B. C. diuisee en deux parties
esgualles, sçauoir en O. ainsi O. G. sera sesquioctaua, auec C. G. &
B. O. sera sesquinona, auec O. G. tellement que ses deux interualles
seront esgualles au diton.

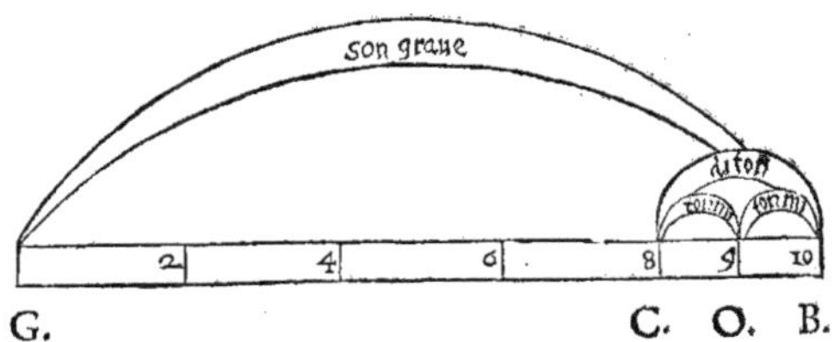

PROPOSITION XXXII.

*Si l'interualle compris entre les deux sons de l'Hexacorde maior est divisé en deux
esgualles parties, l'vne desdites parties sera le diton, & l'autre
le diatessaron.*

Soit la ligne B. G. diuisee en cinq esgualles parties, & soyent deux
desdites parties aux points B. D. & ainsi B. G. sera superbi partiente terzia, auec G. D. qui est la proportion de l'Hexachorde maior, &
B. C. qui est la moitié de l'interualle sera en proportion sesquiquarta
qui est la proportion du diton, & C. G. sera en proportion sesquiterza auec D. G. qui est le diatessaron, tellement que ses deux interualles esgualles font l'Hexacorde maior.

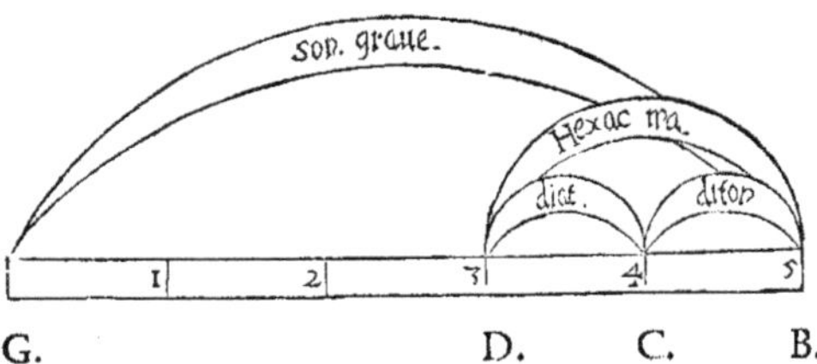

PROPOSITION XXXIII.

*Si l'interualle compris entre les deux sons du diapason est diuisé en trois esgualles parties,
la partie graue sera le semy diton, la moyenne sera le diton,
& la haute le diatessaron.*

Soit la ligne A. G. divisee par la moitié en D. ainsi D. G. ou A. D. sera diapason auec A. G. apres soit l'interualle A. D. diuisee en trois esgualles parties,
par la quatorziesme proposition A. B. sera le semyditon B. C. le diton, &
C. D. le diatessaron, tellement que ces trois interualles esgualles font le diapason.

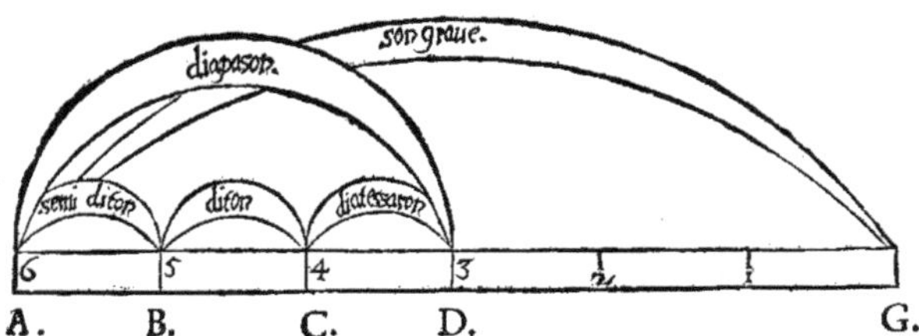

PROPOSITION XXXIIII.

Si l'interualle compris entre les deux ſons de la Diapente, eſt diuiſé en trois parties eſgual-
les, la partie graue ſera vn ton moyen, & les deux autres enſem-
ble feront vn diateſſaron.

SOIT la ligne O. G. diuiſee en trois eſgualles parties, ainſi D. G. ſera diapente contre O. G. apres ſoit l'interualle O. D. diuiſé en trois eſgualles parties, la premiere O. C. ſera vn ton maior, par la dixſeptieſme Definition, & les deux autres enſemble, feront vn diateſſaron, par la douzieſme Definition, ainſi ces deux interualles
O. C. & C. D. feront la Diapente.

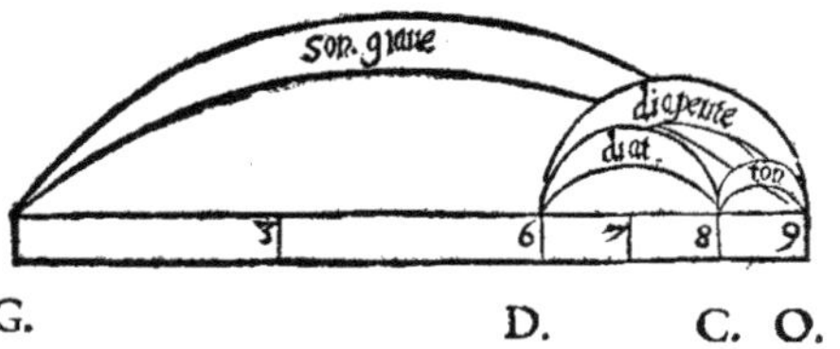

PROPOSITION XXXV.

Si l'intervalle qui eſt compris entre les deux ſons du ſemy diton, eſt diviſé en trois eſgual-
les parties, la premiere iointe auec la ſeconde, feront le ton maior, &
la troiſieſme le ſemy ton maior.

SOIT la ligne A. G. diuiſee en ſix parties eſgualles, la partie A. B. ſera l'interualle du ſemy diton par la trezieſme propoſition, apres ſoit ladite interualle diuiſée
en trois eſguallet parties, les deux parties A. O. font l'interualle du ton maior, par
la dixhuitieſme Definition, & la partie O. B. eſt l'interualle du ſemy ton maior par
la dixneufieme Definition, & ainſi ces deux interualles ioints enſemble feront le ſemy diton.

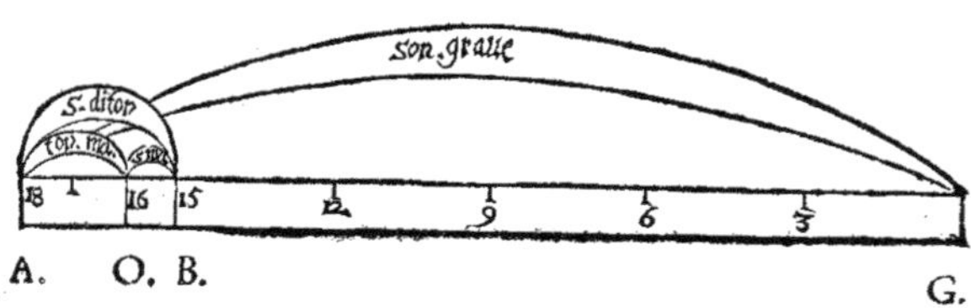

PROPOSITION XXXVI.

Si l'intervalle compris entre les deux sons de b Hexacorde minor est divisé en 3. esgualles
parties, la premiere iointe auec la seconde font ensemble le diatessaron, &
la troisiesme, le semi diton.

SOit la ligne M. G. diuisee en 8. parties esgualles, ainsi trois desdites parties M.
B. seront l'interualle de l'Hexacorde minor par la 16. defin. apres si lon ioint les
deux parties M. A. ensemble se sera la proportion du diatessaron par la 11. defin. &
l'autre partie A. B. sera l'intervalle du semi diton par la 17. def. & ainsi ces deux interualles iointes ensemble feront l'Hexacorde minor.

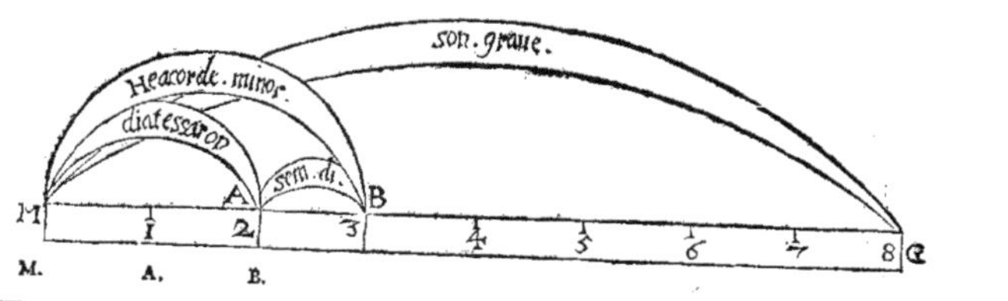

PROPOSITION XXXVII.

Comme lon pourra esprouuer si les consonnantes proportionnees selon nostre institution se-
ront bonnes & accordantes auecques la nature.

AYANT iusques à present donné l'intelligence des proportions musicalles,
encores sera-il bon de demonstrer la raison pourquoy nous leur auons a-
signé telles proportions, & pourquoy nous les estimons meilleures que
les autres, à celle fin de donner contentement au sens, par le moyen de la
raison. Soit doncques fait vn instrument semblable à vne espinette à
queüe, lequel contiendra 20. cordes d'esgualles longueurs & grosseurs, &
faudra bien prendre guarde que lesdites cordes soyent bonnes & iustes, & le moyen de
les esprouuer sera tel. Apres qu'elles seront tendues, l'on mettra vn petit cheuallet cou-
lant dessoubs la iuste moitié de la corde, & si vne partie sonne esguallement & de mesme vnison de l'autre, c'est signe que la corde est bône, apres faudra bien mettre toutes lesdites cordes à vnison ensemble, & pour ce faire bien iustement, apres quelon aura monté
la premiere à vn son conuenable de sa longueur & grosseur, lon môtera la secôde iusques
à ce qu'elle soit à vnison auec la premiere, & pour sauoir si elle est à son vray vnison, l'on
mettra vne petite paillette au millieu de ladite corde, & sonnant la deusieme, si la paillette
remue, elles seront à iuste vnison l'vn de l'autre, & ainsi lon fera à la troisiesme & à toutes
les autres, apres l'on aura 19. petits cheualets de bois dur, ou de cuiure, lesquels l'on mettra
soubs lesdites cordes, le premier soubs l'interualle sesquioctaua, de ǝ en la deusieme corde, laissant la premiere de sa longueur pour A. & le deusiesme cheuallet sera posé soubs la 3.
corde, à l'interualle sesquiquinta de C, & ainsi lon posera tous les cheualets dessoubs les
interualles designees audit instrument, soubs chacune corde, & faut noter que la touche
de la corde ✳.G. sera en la place ou lon met ordinairement la feinte de F. & celle ✳.D. sera
ou lon met ordinairemêt la feinte de C. apres que tout sera bien accordé, lon pourra iouer
dessus, comme lon fait sur vne espinette, & faut auoir tousiours esguard de prendre la touche ✳.D. quand lon voudra faire vne quarte au dessus de A. & aussi de prendre ✳.G. quand
lon voudra faire vne quarte au dessus de ✳.D. tellement qu'apres auoir esprouué toutes ces
proportions, lon trouuera qu'elles sont toutes de tresiustes harmonie, les vnes auec les autres, en sorte que le sens de l'ouye sera satisfait, & se accordera auec lesdites proportions, i'ay
fait ceste experience apres Zarlin, lequel dit l'auoir trouué tres iuste. I'ay seulement aiousté
les deux cordes ✳.G. & ✳.D. & leurs diapasons, la proportion du coma se treuue entre ✳.D.
& D. comme aussi entre ✳.G. & G. laquelle est si petite, que à peine le sens de l'ouye la peut
discerner, toutesfois elle est necessaire pour nos demonstrations.

Zarlin su-
plemêti. Mu
sic 37.
Chap. liure
4.

Inſtituiton harmonique,

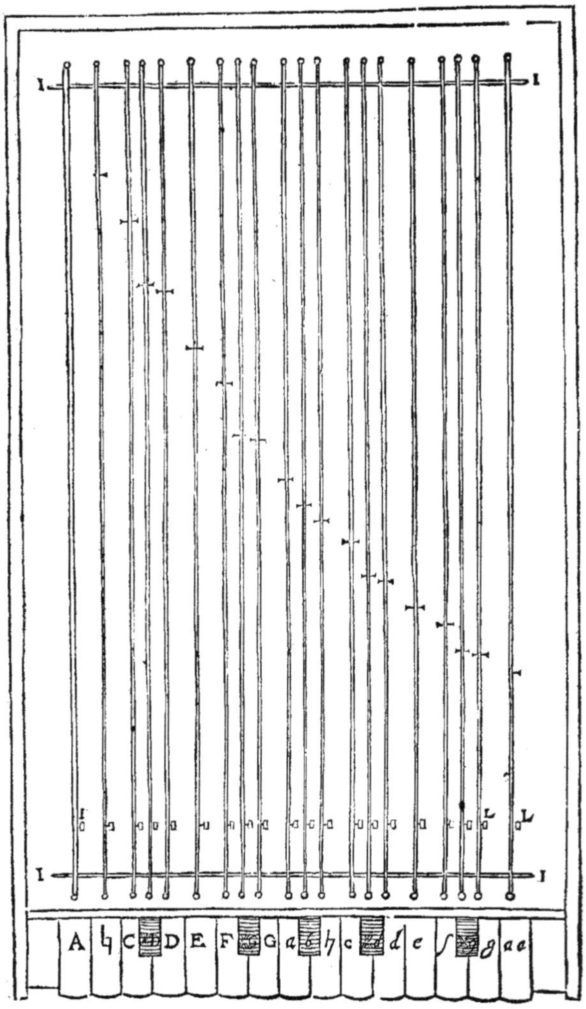

Les ſautereaux qui ſont hauſſeZ par les touches , pour faire ſonner les cordes
ſont marquees des lettres L.

PROPOSITION XXXVIII.

L'on ne peut plus inuenter aucunes confonnantes.

IL est certain que nous ufons à prefent, toutes les confonnantes qui peuuent eftre en la nature, fçauoir diapafon, diapente, diateffaron, diton, femi diton, hexacorde maior & minor, lefquelles confonnantes, fe peuuent redoubler comme dis-diapafon, diapafon, diapante, diapafon diton, & ainfi des autres. Or ce qu'il me fait dire qu'il ny en a point d'autres en la nature, ie le prouueray par plufieurs raifons, la premiere eft, que la confonnante comme a efté dit en la fiziefme Definition, fe fait de deux fons, fe meflans enfemble par l'air, auec vne douce confufion, en forte qu'il femble que ce ne foit qu'vn fon, & la diffonnante au contraire fe fait, quand deux fons ne fe peuuent mefler enfemble, donques pour congnoiftre & bien efprouuer ce qui eft confonnante, & ce qui ne l'eft pas, faut pofer deffus vn fommier d'Orgues, deux tuyaux, lefquels eftans fonnez, s'ils font en diapafon, l'vn de l'autre, il fe fera vne douce confufion par l'air, en forte qu'il femblera que ce ne foit qu'vn fon, & fi lefdits tuyaux font en proportion fefquialtera l'vn de l'autre, & eftans fonnez, l'on orra la confonnante diapente, qu'il femblera auffi, que ce ne foit qu'vn fon, mais non fi parfait que le diapafon, apres fi lefdits tuyaux font en proportion fefquiterzia, & eftans fonnees, lon orra le diateffaron auffi auec vn meflange, mais non fi parfait que la diapente, apres fi lefdits tuyaux font en proportion fefquiquarta, lon orra le diton, mais les deux fons ne fe mefleront enfemble fi parfaitement ques les premiers, toufiours lon pourra difcerner vne douce confufion, comme auffi du femi diton Hexacorde maior & minor, mais fi lon vient à fonner deux tuyaux eftans en quelque autre proportion ou interualle que ce foit, autres que ceux que i'ay icy nommez, il eft tres certain, au lieu que lefdits fons fe meflent enfemble, & rapportent quelque douceur à louye, qu'elles fonneront auec vn tremblement, voulant chafcun fon, demeurer en fon entier, en forte qu'il fe fera vne difcordance qui offencera louye grandement, ainfi par ce moyen il fe peut voir qu'il ny a point d'autres confonnantes en la nature finon celles que nous vfons à prefent, il y a encores d'autres moyens pour effayer à trouuer les confonnantes, foit auec le Monochorde, ou auec le Policorde, mais quelques interualles que l'on puiffe effayer deffus, il ny en a pas vne qui puiffe donner quelque harmonie, finon celles que nos vfons.

Policorde eft qui font plufieurs-ment a plufieurs cordes.

PROPOSITION XXXIX.

L'on peut encores inuenter quelques intervalles en la Mufique.

MAIS quand aux interualles petites, lefquelles lon pourroit encores mettre entre chacun femi ton, elles aporteront vne grande harmonie, fi elles font bien coloquees, comme fera monftré cy apres en la deuziefme partie de ce liure, non pas que lefdites interualles augmentent le nombre des confonnantes, mais elles feruiront pour eftre vfees feulement en des pafages de fredons, comme i'en donneray vn exemple chafcun fçait qu'vn chantre lequel à la vois bonne, & qui la fait bien manier, comme nous en auons à prefent en France, fera des pafages de la vois, lefquels ne fera poffible de coucher par efcrit en noftre Mufique ordinaire, à caufe qu'il y a des petites interualles, comme quarts de ton, & encores plus petits, qui fe meflent en paffages, ceft pourquoy aiouftant encores des interualles, entre les femi tons, lon pourra non feulement coucher lefdits paffages en tablateure, mais en vfer en vfer en nos inftrumens, comme i'en donneray l'vfage par cy apres.

E

PROPOSITION XXXX.

Du genre de Muſique dit Cromatique, & comme les antiques en ont vſé.

E Genre de Muſique comme dit Boece, & apres luy Zarlin, fut inuenté par Timothee Milleſien, du temps d'Alexandre le grand, demeurant ledit Timothee en Sparte, & à cauſe que leſdits Spartiens uſoyent du genre diatonique, qui eſtoit vne Muſique plaine, & ſans feinte, & la cromatique eſtant plus molle, fut cauſe que leſdits Spartiens bannirent de la ville ledit Timothee, toutesfois ledit genre de Muſique ne laiſſa d'eſtre en vſage du depuis entre les Grecs, & les Latins, comme teſmoignent Ariſtoxene, Ptolomee, Plutarque, Vitruue, & pluſieurs Autheurs, leſquels parlent des proportions que doibt auoir ledit genre, mais pas vn d'iceux ne parie, qu'il ſe compoſaſt auec pluſieurs vois, comme nous faiſons noſtre Muſique d'auiourd'huy, auſſi ne ſe pourroit-il pas faire, encores que quelques vns l'ont eſtimé, Pontus de Tiard Eueſque de Chalons, en ſes diſcours Philoſophiques, & Hierome Cardan en ſon liure de ſubtilité, ont eu opinion que c'eſtoit quelque Muſique rare, & incongueue à nous, ie penſe bien, qu'au temps qu'elle a eſté inuentee, elle fut trouuee aſſes aggreable, au reſpect de la rudeſſe du genre diatonique, mais à preſent que ledit genre diatonique eſt diuiſé par tant d'interualles comme nous l'avons à preſent, & tant de varieté ſe peut il faire deſſus, que ce n'eſt pas grande merueille, ſi on a laiſſé le genre cromatique comme inutille, & ſans plaiſir, & d'autant que i'ay congneu pluſieurs gens abuſez en ce fait de Muſique, penſans que la Cromatique & le genre Enharmonique, ſoit quelque choſe de rare, ſi lon en pouuoit auoir la congnoiſſance, ie donneray icy premierement les proportions des interualles dudit genre, & apres, ie demonſtreray euidemment qu'il ne ſe peut pas chanter auec les vois comme le diatonique. Soit doncques le Monochorde gradué en ceſte façon, toute la corde ſera partie en neuf parties eſgualles, dont huit d'icelles ſeront donnees à la premiere interualle hipate hipaton, apres ſoit toute ladite corde diuiſee en rrentedeux parties eſgualles, & ſoit vingt & ſept deſdites parties donnees à la corde parhipate hipaton, & ainſi ladite corde ſera auec hipate hipaton, comme de 243. a 256. laquelle interualle eſt vn ſemi ton moyen, apres faudra partir toute la corde en vingt & quatre parties eſgualles, & donner dixneuf deſdites parties à Lichanos hipaton, qui eſt preſque vn demi ton maior, apres toute la corde ſera diuiſee en trois parties eſgualles & deux d'icelles ſeront donnees à hipate meſon, laquelle interualle eſt en proportion ſeſquialtera, qui fait diapente, apres l'interualle C. H. ſera diuiſee en quatre parties eſgualles & trois d'icelles parties ſeront donnees à parhipate meſon, ainſi parhipate meſon ſera auec hipate meſon, comme parhipate hipaton, auec hipate hipaton, apres ſoit parti l'interualle D. H. en quatre parties eſgualles, & ſoit donné trois d'icelles parties à lichanos meſon, ainſi lichanos meſon ſera auec parhipate meſon, comme lichanos hipaton, auec parhipate hipaton, apres toute la corde ſera diuiſee en deux parties eſgualles, & vne d'icelles ſera donnee à meſe, ainſi meſe, ſera auec lichanos meſon comme hipate meſon, auec lichanos hipaton, ſçauoir comme de 19. à 24. ainſi les ſept interualles du premier diapaſon ſeront acheuees, & ceux du ſecond diapaſon ſe pourront faire tous ſemblables, i'ay aiouſté les nombres propres à chacune note, & de l'autre coſté ſeront les nombres, pour congnoiſtre les grandeurs de chaſcune interualle, i'ay mis auſſi des demis cercles ou ſont notees toutes les conſonnantes qui ſont entre le diapaſon, ce genre Cromatique a auſſi eſté reformé par Ptolomee, lequel en a fait de deux ſortes, l'vne dite molle, & l'autre incitee, & me ſemble que ce ſeroit prolixité de diſcourir beaucoup d'vne choſe, qui ne peut aporter grand proffit en ce ſubiect de Muſique, ainſi nous laiſſerons toutes les proportions inuentees ſur ce genre, comme inutilles pour le preſent.

MONOCHORDE ANTIQUE DU GEN-
re CHRO- MATIQUE.

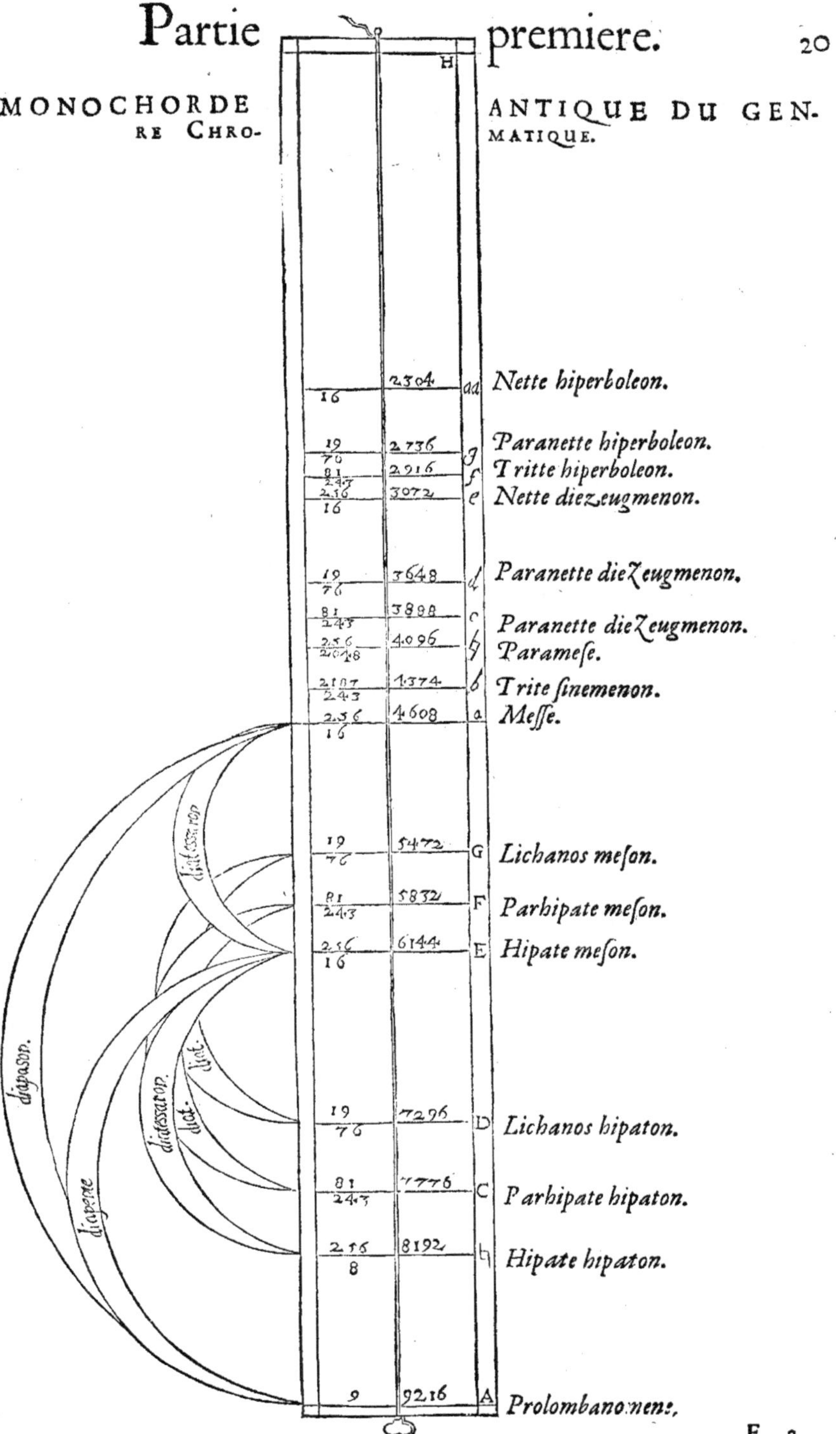

E 2

PROPOSITION XXXXI.

Jcy eſt demanſtré comme l'antiqae Muſiqae Cromatique ne ſe peut compoſer pour chanter auec les vois.

IE ne doubte pas que Zarlin, & pluſieurs autres modernes Autheurs (leſquels ont entendu la Theorique & pratique de la Muſique) n'on ſçeu que ce genre de Muſique Cromatique ne ſe pouuoit chan-ter pour pluſieurs raiſons, toutesfois ie ne ſache point que ledit Zar-lin & les autres ayent amené preuue, ou ayết dit que ledit genre Cro-matique, ne peut eſtré chanté, quand audit Zarlin il a traité auſſi amplement, & plus de la Theorie & pratique de la Muſique que au-cun autheur deuant luy, mais ie croy que le trop de reſpeĉt qu'il a eu à l'antiquité, la enguardé de parler de pluſieurs erreurs, & choſes inutilees par eux uſitees, & entre les autres, ce genre de Muſique Cromatique, & auſſi le ſuyuant Enharmonique merite plus de les ramenteuoir, pour monſtrer la ſimpleſſe de l'antiquité, que pour aucune utilité ou plaiſir qu'on en pourroit receuoir. I'ay donques par cy deuant monſtré qu'il ne peut auoir autres conſonnantes en la nature, ſinon celles qui ont eſté monſtrees, deſpendantes du genre diatonique ſinton de Ptolomee, à preſent il ſe peut voir en ce-ſte diuiſion, qu'il ny a autres conſonnantes que diapaſon, diapente, & diateſſaron, & encores ſont elles peu frequentes en tout le Monocorde, la raiſon eſt, que les inter-ualles ont fort peu de correſpondance harmoniques les vnes auec les autres, qui em-peſche que quand lon voudroit faire vne compoſition de pluſieurs vois enſemble, il ſeroit impoſſible, ſi lon n'auoit recours à d'autres conſonnantes, qu'a celles de ce gen-re, & encores que lon pourroit faire quelque moyenne compoſition, auec les conſon-nantes compriſes en ce genre, ſi eſt-ce que la vois laquelle eſt accouſtumee à enton-ner celles icy, ſi ce n'eſt les diapentes & diateſſarons, mais ſi lon vouloit muer com-me de prolambanomenos à parhipate hipaton, ou lichanos hipaton, il ſeroit impoſ-ſible, ſans l'aide de quelque inſtrument, qui fut monté auec les meſmes interualles, & encores que cela fut, la vois aura fort à faire à ſuiure ledit inſtrument directement, tel-lement que nous conclurrons que ledit genre Cromatique eſt du tout inutille pour le preſent.

Mais lon pourroit repliquer icy, que pluſieurs modernes compoſiteurs, & entre au-tres Lucas Marenzio & Claudin le ieune, ont uſé de ladite Cromatique en leurs com-poſitions de vois, à cela ie reſpons, que ce n'eſt nullement Cromatique, que leſdites compoſitions, d'autant que ſi on veut examiner toutes leurs interualles, on les trou-vera eſtres contenues au Monochorde general, demonſtré en la vingt & troiſieſme propoſition, mais à cauſe que leſdites compoſitions ſont fort extraordinaires, pour la quantité des ſemi tons, l'on leur a apoſé ce nom de Cromatique.

PRO-

PROPOSITION XXXXII.

*Du genre de Musique Enharmonique, & comme les antiques
en ont vsé.*

E genre Enharmonique n'est non plus en vsage que la Chromatique, ses interualles ne s'accordent du tout auec la Diatonique, ny la Chromatique Aristoxene & Plutarque disent, qu'il fut inuenté par Olympe excellent Musicien de son temps, c'est Olympe & Terpander, comme dit le mesme Plutarque, retrencherent le trop grand nombre de cordes, qui s'usoyent de leurs temps, & ordonnerent qu'il n'y en auroit que trois, & faisoyent plus auec icelles, que tous les autres auec plus grand nombre, en ce discours de Plutarque, il se peut remarquer qu'il parle des cordes, & non des voix, & ne doubte pas, que si les antiques eussent usé de compositions de voix comme nous, que tant de bons autheurs s'en fussent teus, car à dire vray, les Grecs n'ont rien oublié à escrire des sciences qu'ils ont congneues, & quand aux proportions dudit genre Enharmonique, ie les donneray icy comme les antiques en ont usé, soit doncques la corde prolombanomenos diuisée en neuf parties esgualles, dont les huit seront donnees à hipate hipaton, apres l'on posera la corde lichanos hipaton, comme en la precedente diuision chromatique, celle de parhipate hipaton, puis l'interualle, qui est entre hipate hipaton, & lichanos hipaton, sera diuisé en deux esgualles parties, pour parhipate hipaton, & si lon y veut trouuer le nõbre l'on soubstraira 7776. de 8192. le produit sera 416. ainsi 416. sera la grandeur de l'interualle, entre 8192. & 7776. lequel nombre estant parti par la moitié sera 208. lequel aiousté auec 7776. donnera 7984. qui est le nombre pour parhipate hipaton, apres l'on diuisera toute la corde en trois esgualles parties, & deux d'icelles seront donnees à hipate meson, ainsi ladite corde sera diapente, contre prolombamenos, apres l'on diuisera la corde parhipate hipaton en quatre parties, & trois d'icelles seront donnees a parhipate mete meson, pareillement l'on diuisera la corde lichanos hipaton en quatre parties, & trois d'icelles seront donnees à lichanos meson, apres toute la corde sera diuisee en deux parties esgualles, & l'vne d'icelles sera pour mese, & ainsi les sept interualles du premier diapason seront trouuez, & l'autre diapason superieur se fera de semblables interualles, il y a encores quelques autres interualles de l'autre costé de ce Monochorde appellez des antiques tetracorde des coniointes, d'autant que les cordes d'iceluy estoient quelquefois iointes au autres tetracordes, tellement que quand l'on vsoit le troisiesme Tetracorde des desiointes appellé tetracorde diezeumenon, l'on laissoit celuy des coniointes dit tetracorde, sinemenon, comme l'on pourroit dire à present ♮, quarré ou b mol, car la tetracorde des coniointes estoit presque comme nostre b mol, voila doncques toutes les interualles usitees au genre Enharmoniques, lesquelles on peut voir, que peu d'icelles s'accordent auec les interualles naturelles de nostre institution, qui est l'occasion que nous auons quitté l'vsage de ce genre, non par ignorance comme aucuns croyent, mais pour n'estre fourni de consonnantes propres à faire vne bonne harmonie soit de voix ou d'instruments, mais l'on pourroit icy demander, comment doncques les antiques en ont vsé, veu mesme qu'il a esté inuenté depuis le genre diatonique, qui nous est demeuré, & que s'il n'eust esté si bon que le diatonique, il n'eust pas esté mis en vsage, à cela ie respondray comme Plutarque lequel dit, Pherecrates Poëte comique, voyant gaster la bonne harmonie, qui auoit desia quel-

Plutarque en son traité de Musique.

E 3   que

Inſtitution harmonique

que commencement introduit en la Muſique en habit de femme, ayant tout le corps
deſchiré de coups de verges, & la Iuſtice qui luy demande la cauſe pourquoy, & comment elle a eſté ainſi fouëttee, la Muſique luy reſpond ainſi.

Le meſme Plutarque dit encores, que les autres Comiques blaſonnerent ceux leſquels
decoupoient la Muſique en petits morceaux, comme encores vn Ariſtophanes, qui fait
mention que Philoxenus auoit des chanſons aux danſes rondes, & fait auſſi parler la
Muſique,

Par ces vers il ſe peut voir que les petites interualles ou feintes ne pouuoient eſtre agrea-
bles aux antiques, d'autant que leſdites feintes ne pouuoient eſtre acommodees en bonnes conſonnantes, comme celles dont nous vſons à preſent, comme il ſe peut conſiderer à la diuiſion de ce genre en harmonique, ou à l'vn des coſtez, i'ay mis toutes les conſonnantes contenues au premier diapaſon.

MONOCHORDE ANTIQUE DU GEN-
RE ENHAR-   MONIQUE.

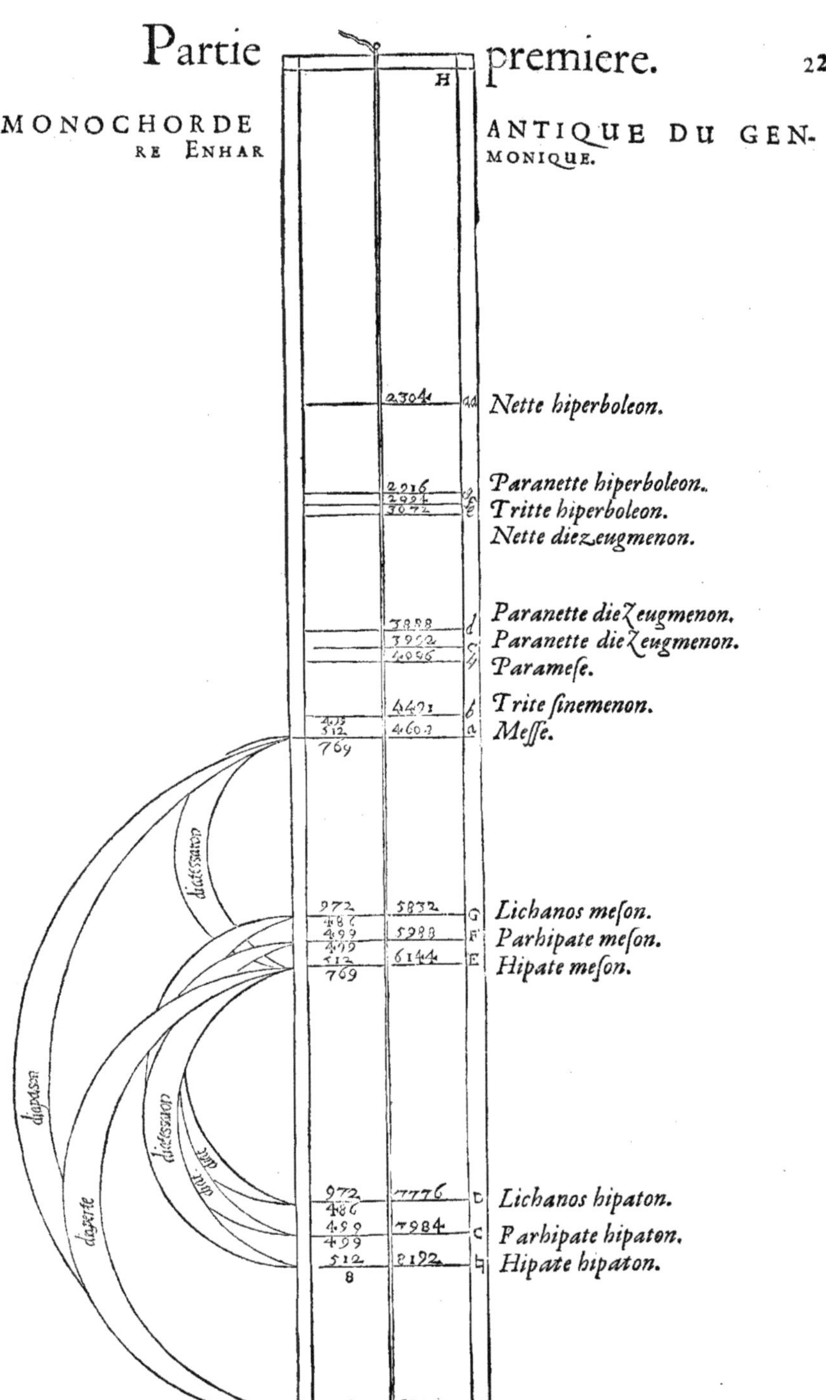

E 4

PROPOSITION XXXXIII.

Icy eſt demonſtré comme l'antique Muſique Enharmonique ne ſe peut chanter a-
vec les vois.

LA demonſtration que i'ay faite que le genre Chromatique ne ſe peut chanter auec les vois ſeruira pour demonſtrer que ce genre Enhar-moniche ne ſe peut auſſi chanter, & encores ceſtuy-ci eſt encores plus eſlongné de la naturelle diſpoſition des conſonnantes, à cauſe des petits interualles, qu'il n'eſt poſſible à la vois humaine les ſça-uoir entonner, & encores que lon le pourroit faire à l'aide des in-ſtrumens, il ne ſe pourroit pas trouuer des conſonnantes contre leſ-dites interualles pour rendre aucune harmonie agreable, ainſi nous tiendrons auſſi ce genre de Muſique inutille.

PROPOSITION XXXXIIII.

L'occaſion qui a meu l'Aautheur à parler contre l'antique Muſique.

MAis lon me pourroit icy blaſmer de parler tant contre la Muſique des anciens, veu qu'elle a eſté tant honnorec par ſi grand nombre de bons autheurs, à cela ie reſpons, que voirement les anciens meritent d'e-ſtre honnorez, pour auoir trouué & touſiours augmenté quelque cho-ſe de bon en ceſte ſcience, mais ce qui me fait ainſi parler à l'encon-tre eſt, d'autant que aucuns modernes autheurs, & entre autres Zar-lin à preſque rempli vn gros volume qu'il a fait, (de la theorie & praticque de la Mu-ſique) de toutes ces proportions antiques, & quand lon aura eſtudié & ſçeu tout ce qu'il veut dire de la Chromatique & Enharmonique, lon ne ſaura aucune choſe pro-pre pour ce temps, ou les proportions de ceſte ſcience, & les compoſitions ſont mieux congneues, qu'elles n'ont eſté des antiques, ainſi ce que i'en eſcris eſt pour diuertir beaucoup de bons eſprits curieux, de congnoiſtre & aprendre quelque choſe de bon, & de ne s'arreſter pas tant à tous ces genres de Muſique plus curieuſement recherchecs qu'utiles, & de pluſtoſt s'arreſter à ce qui peut aporter de l'vtilité & plaiſir, il eſt bien vray, que ceſt vne belle curioſité de congnoiſtre comme les anciens ont vſé de la Mu-ſique, mais auſſi il eſt neceſſaire de ſauoir, que ceſte cognoiſſance que les antiques ont eu, n'a pas eſté ſi parfaite, que celle que nous auons maintenant, qui eſt vn point ou il y a beaucoup de modernes fort abuſez, leſquels penſent que tous ces noms eſtran-ges, dont les anciens ſe ſont ſeruis en ceſte ſcience, eſtoient quelques choſes de fort rares incogneues à nous, ceſt bien choſe vraye, que noſtre langu, age ne nous permet point d'auoir de ſi beaux termes & ſi à propos, comme les Grecs & Latins ont eu, pour toutes ſortes de ſciences, ceſt pourquoy nous auons retenu aucuns deſdits termes mieux appropriez en leur language que non au noſtre, & auſſi ce qu'il fait croire au-cuns, que la Muſique des anciens, a eſté ſi parfaite, ceſt à cauſe du grand honneur que les Grecs ont donné à ceux leſquels y ont aporté quelques inuentions nouuelles, & meſmement ont loué aucuns Muſiciens, iuſques a en raconter des fables, car quand Ouide raconte qu'Orfee faiſoit venir les beſtes à luy, & eſmouuoit les arbres & ro-chers, & meſmement les dieux infernaux au ſon de ſa Lire, & ſemblablement Hora-

ce quand

ce, quand il dit qu'Anfion faifoit mouuoir les pierres de leur lieu, au fon de la lire,&
en baftit les murs de Thebes, il nous les faut croire comme Poëtes, lefquels ont voulu exalter vne fcience au deffus de l'extremité,& non comme vrais Hiftoriens, l'Hiftoi-
re d'Arion affez congneue, eft prefque femblable, recitee de Pline pour chofe croyable,& femble que Zarlin y a adioufté foy, & à d'autres telles fables, recitees pluftoft à
la louange de la Mufique, que pour chofes veribles . Ainfi pour conclufion de cefte
premiere partie, ie trouue bon, que celuy qui voudra paruenir à la congnoiffance de
cefte fcience , fache aucunement ce que les antiques nous ont laiffé de proportions,
mais de croire feulement à ce qui eft demonftré eftre veritable, car confiderant noftre
vie fi brefue, nous l'employerons fort mal, fi nous voulons nous amufer à la recherche des chofes du tout hors d'vfage, comme de la Chromatique & Enharmonique,&
laiffer les vrayes proportions, pour courir à celles qui ne nous apporterons que de la
confufion.

Pour remplir cefte Page, l'Autheur monftre par quelques raifons, que les pro-
portions de la Mufique des Indes Orientales & Occidentales s'accor-
dent par neceßité, auec les noftres.

QUAND à la Mufique qui fe praticque aux Indes Occidentales, il eft tous
certain qu'elle ne peut eftre accamparee à la noftre, car le peuple eftant
du tout ignorant des lettres n'a aucune congnoiffance des fciences , &
ceux qui y ont efté, nous ont rapporté qu'ils chantent aucunes chanfons auec la vois, mais fans aucunes confonnantes, & à ce que i'en ay
peu apprendre , ils vont du fon graue à l'aigu, non auec proportion du
ton ou femi ton, comme nous faifons, mais ils hauffent & baiffent leurs vois , quelque fois d'vne petite interualle de ton, & quelquefois d'auantage, comme il vient à
leur fantafie defreiglee. Et quand aux Indiens des parties Orientalles , en aucuns lieux
ils font fort ciuilifez,& ont la congnoiffance des lettres, lon tient que plufieurs arts
font congneus au grand Royaume de la Chinna, plus parfaittement qu'en l'Europe,
ils ont les fciences par efcrit, & l'imprimerie deuant nous, mefmes auffi plufieurs ti-
ennent, que l'inuention de la poudre à canon vient de ce pays là, car ils ont l'vfage du
canon, par le rapport de ceux lefquels y ont efté auant nous, mais quand à cefte fcience de Mufique, nous ne pouuons pas bonnement fçauoir , en quel eftat elle eft en ces
quartiers là, d'autant que les eftrangers ny peuuent auoir libre commerce, & ne veulent permettre que aucun eftranger entre dedans leur pays, les Hollandois en la relati-
on qu'ils ont fait de ces pays Orientaux, difent qu'en l'ifle de Iaua, qui eft à quelques 300.
lieuës de la Chinne, les habitans ont certains baffins de cuiure iettez en moulle, proportionnez comme des cloches, auec lefquels ils font vne certaine Mufique, comme
celles des cloches de par deça, quoy que ce foit, il faut que lefdites proportions fe rap-
porten aux noftres, s'ils font en confonnantes les vnes auec les autres, car veu que
nous auons tout ce que la nature peut donner, ce feroit erreur de penfer que leurs proportions fuffent autres que les noftres, ils pourroyent bien diuifer le ton, & les confonnantes en plufieurs autres parties, mais s'ils chantent ou iouent deux ou plufieurs
parties enfemble, en contrepoint, il faut que les confonnantes d'entre lefdites parties, foyent femblables aux noftres, i'ay veu autrefois quelques inftruments à cordes,
que lon auoit aportez des Indes Occidentalles, mais ils eftoyent fi fimples , & grof-

fierement

Inftitution harmonique,

fierement faits, qu'il fe peut iuger aifément, que ces peuples font fort iguorans, dela Mufique, les cordes eftoyent de io g fec, & ne laiffoyent point de donner quelque fon mais fort fourd, comme feroit vn inftrument monté auec des cordes de fil, ou de foye, & fe iouoyent auec l'archet, comme lon fait fur les violons : En Turquie il y a auffi plufieurs fortes d'inftruments, auec lefquels ils iouent le plus fouuent auec confufion, fans ufer de confonnantes, finon de celles qui viennent accidentallement, & fe contentent feulement d'ouir vn grand bruit confus. En fin il femble que les Mufes ont abandonné le pays de Grece, & d'Egypte & Iudee, voire tout le refte de la terre, pour fe retirer en ces quartiers de l'Europe, & moyennant que nous les careffions, il ne faut pas doubter qu'elles ny demeurent affiduellement.

Fin de la premiere partie.

INSTITVTION
HARMONIQVE.

PARTIE
DEVXIESME.

PROEME.

ESTE *seconde partie de musique,* DAME TRESILLVSTRE, *est dite vulgairement Contrepoint, autrement Composition, laquelle se fait par une assemblage de consonnances, meslées ensemble, en sorte que les parties se puissent toutes correspondre les unes contre les autres auec de bonnes proportions, telles comme a esté traité au premier liure, & aussy que le sens de la parolle, soit fait sur un chant conuenable à ycelle, comme sera traité ycy apres. Voila les deux principaus points de ceste science: et en oultre il est requis de conduire ledit Contrepoint auec une belle inuention. Or ceste inuention est un don de nature, lequel ne se peut acquerir bonnement par estude. L'experience s'en void iournellement en plusieurs hommes excellens en la theorique de ceste science, lesquels sçauent aussy fort bien toutes les reigles requises en la pratique de la Composition, toutefois n'ayant ceste inuention naturelle, viennent à faire un Contrepoint fort ordinaire, lequel pourra estre de beaucoup surpassé en gentille inuention par aucuns, lesquels n'auront nulle cognoissance de la theorique, ains seulement l'experience de la pratique. Et tout ainsy comme la poësie et la peinture requierent gens de nature inuentifs, aussy la Composition de la musique requiert une semblable naturelle disposition.*

Qvand *au temps que ladite Composition de plusieurs vois a esté inuentée, il ne s'en peut dire rien de certain, d'autant que les autheurs antiques et modernes n'en font aucune mention. Il se peut aparemment voir, que les Grecs ny Latins n'en ont point usé: ou bien c'a esté fort simplement. Vitruue parlant des consonnantes apellées des* Vitruue lib. V. chap. 4. *Grecs Simphonies, dit qu'il y en auoit sis, sçauoir diapason, diapente, diatessaron, diapason auec diatessaron, diapason auec diapente, et disdiapason. Et de faire aucune Composition, auec sy peu de consonnantes, comme celle que nous usons à present, cela est impossible.*

L'on *pourroit donques demander icy, comme les antiques pouuoient faire tant de bonnes musiques, comme plusieurs autheurs recitent, et mesmement à plusieurs vois? Car Simphonie ne signifie autre chose que plusieurs vois, ou sons. Et aussy, comme ils employoient leurs consonnantes? A ces demandes qui pourroient estre faites, i'en diray mon aduis. Premierement les Antiques, comme il se peut voir dans diuers autheurs, voirement ont fait de fort bonne musique. mais c'estoit seulement auec une vois, accompagnée quelquefois d'une lire, ou cithre, ou quelque autre instrument à plusieurs cordes, lesquelles cordes sonnoient en consonnantes les unes auec les autres. Cela se peut voir* Plutarque en son traité de Musiq. *dans Plutarque, et autres autheurs, lesquels racontent de diuers excellens Musiciens: les uns acompagnoient leurs chants d'une lire, les autres d'un cithre. Mais il ne se trouue aucun desdits autheurs, qu'il parle qu'ils chantoient en varieté de vois, ne mesmement aucuns noms des parties desdites vois, comme nous avons à present, sçauoir Basse, Tenor, Contratenor, Superius, et autres. Et quand à ce mot Simphonie, il s'usoit aus instruments de plusieurs cordes sonnans ensemble. Mesmement auoient quelques instruments apellées Simphonies. Et pour respondre, comme s'usoient leurs consonnantes, cela est facile à juger, que c'estoit en leurs instruments, comme lires, cithres,*

& autres, et non auec la vois, comme nous faisons à present, puis qu' ils en auoient sy peu. Mais il pourroit bien estre, que chantans deux ou trois ensemble à unison, quelquefois l' un montoit une diapente plus haut ou un diapason, ou bien descendoient les mesmes interualles: comme il se peut voir au temps du Pape Jan. XXII.eme. qui viuoit l' an 1316. lequel voyant que l' on augmentoit fort la musique par nombre de consonnantes, et luy semblant que par ce moyen le chant Ecclesiastique seroit corrumpu, deffendit de mesler tant de sortes de consonnantes auec; mais bien que sur ledit plain chant, que l' on pourroit quelquefois mesler un diapason, ou diapente, ou diatessaron, à celle fin que ledit plain chant fut ouy en son entier, et non alteré auec le grand nombre d' autres consonnantes, lesquelles l' on commençoit d' user alors. Mais il semble que ceste deffence ne dura pas long temps. Car de present il se void encores des Messes composées à plusieurs parties de plus 150. ans vieilles. Toutefois elles ne sont sy bien composées, comme celles qui ont esté faites depuis que l' imprimerie a esté inuentée : auquel temps la pratique de la musique s' est merueilleusement augmentée, et specialement depuis Orlande de Lassus, lequel a ouuert la porte à beaucoup d' autres qui sont venus depuis; entre

lesquels, Claudin le Jeune, du Canroy, Marenzio, et plusieurs autres modernes,
ont emporté tant d' honneur de ceste sience, qu' il semble qu' ils
n' ont rien laissé à ceux qui viendront
par cy apres.

DEFI-

DEFINITION PREMIERE.

GAMME, *est un mot tiré du Grec, entendu de nous pour l'e-schelle qui contient la disposition des notes de la musique.*

CE MOT de Gamma, en Grec ainsy figuré Γ, est proprement nostre G, et d'autant que Guidon Aretin commença l'eschelle de nostre musique par Γ. VT, qui est à dire G. VT, tout du depuis ladite e-schelle a estée apellée Gamme.

	Notes Antiq								
	ee								La
	dd							La	Sol
	cc							Sol	Fa
	♮♮								Mi
	bb							Fa	
	aa					La	Mi	Re	
Nete hyperboleon	g					Sol	Re	Vt	
Trite hiperboleon	f					Fa	Vt		
Nete diezeugmenon	e				La	Mi			
Paranete diezeugmenon	d			La	Sol	Re			
Trite diezeugmenon	c			Sol	Fa	Vt			
Paramese	♮				Mi				
Trite sinemenon	b			Fa					
Mese	a		La	Mi	Re				
Lichanos meson	G		Sol	Re	Vt				
Parhipate meson	F		Fa	Vt					
Hipate meson	E	La	Mi						
Lichanos hipaton	D	Sol	Re						
Parhipate hipaton	C	Fa	Vt						
Hipate hipaton	♮	Mi							
Proslambanomenos	A	Re							
	Γ	Vt							

DEFINITION DEVXIESME.

Les sis notes usitées en la musique de maintenant sont VT. RE. MI. FA. SOL. LA. *lesquelles seruent pour monter ou descendre la vois, auec certaines interualles.*

Boëce
muſic.
Lib. 4.
Ch. 3.

E N LA deuxieſme propoſition du premier liure, il a eſté parlé de l'inuention des notes que nous chantons à preſent, et comme Guidon Aretin en fut le premier inuenteur. Car auparauant l'on chantoit auec notes diuerſes, comme fait mention Boëce : leſquelles notes i'ay trouue bon de les tranſcrire icy, pour ſatisfaire à ceux qui ſeroient amateurs de l'antiquité. I'ay auſſy appoſé la translation d'icelles notes faite par ledit Aretin, ſuivant comme nous les uſons à preſent.

Et quand à la longueur du temps deſdites notes antiques, les ſilabes meſmes qui eſtoient prononcées ſur chacune note, en donnoient cognoiſſance. Car les Grecs allongiſſoient ou accourſiſſoient leurs ſilabes en chantant par une certaine reigle obſeruée d'eux, laquelle reigle nous manque en noſtre langue. Mais nous auons à ce defaut, un autre remede pour tenir les notes longues ou briefues, lequel ſera enſeigné icy apres. Pontus de Tiard ſur ce ſubiect des notes antiques repreſente une exemple (tirée d'un liure antique) de la façon comme ils chantoient, laquelle ie repreſenteray auſſy ycy, auec la traduction faite par ledit de Tiard en nos notes modernes.

NOTES ANTIQVES

Boece
muſic.
libr. 4.
Cha. 3.

Propoſi
tion 21.

Mais les deux autres genres, ſçauoir la Chromatique & l'Enharmonique, ſe notoient par autres notes, comme il ſe peut voir dans Boëce. Et quand aus notes modernes, ils ſont ſis diuerſes en noms, ſçauoir ut. re. my. fa. ſol. la. Quand à l'interualle du my au fa, ceſt un demy ton mayor : & tous les autres interualles ſont tons naturels. Car i'ay monſtré au precedent liure, que les tons uſitées de la vois, ſont d'eſgualle diſtance, bien qu'en nos nombres & inſtruments, ils ſont mayors, ou minors. Ainſy ceſt interualle du my au fa ceſt cauſe, que à aucunes notes l'on donne trois noms : comme par exemple A. la. my. re. ceſt à dire, que l'on peut chanter, ou prononcer un la, un my, ou un ré. Ce qui n'a eſté fait ſans bonne cauſe. Car s'il y auoit deux ou trois notes qui montaſſent apres ledit A. la. my. ré. comme il ſe void au prochain, la premiere note, eſt aſſiſe en F, fa, ut, la ſeconde en G, ſol, ré, ut, la troſieſme A, la, my, ré, &c. Ainſy il eſt neceſſaire de prononcer un fa en F, fa, ut, à cauſe que l'on monte au deſſus du la, de A. la. my. ré. Et ladite note de A. la. my. ré. en montant ſe prononcera un ré, et en deſcendant un la, tellement que l'on peut voir, que leſdites mutations ſe font à celle fin, d'auoir touſiours l'interualle du my au fa, guardée en ſa place aſſignée.

DEFINITION III.

C L E F *eſt un certain caractere, qui donne cognoiſſance du nom de toutes les notes aſſiſes en l'eſchelle.*

OR D AV·

OR D'AVTANT que ce feroit une grande peine de figner chacune note en particulier, comme ont fait les Grecs, l'on a inuenté de certains caracteres nommées Clefs; mot affez à propos, d'aultant que par icelles l'on ouure la cognoiffance des notes fituées entre l'efchelle foubs chacune Clef, dont il y en a trois differentes. La premiere marquée ainfy ꝋ ou autrement ♯. Laquelle Clef fe nomme F. FA. VT. tellement que toutes les notes qui feront affifes fur la ligne de l'efchelle, ou eft ladite Clef, feront toutes en F. FA. VT. c'eft à dire un FA. ou un VT. Ainfy ayant la cognoiffance de ceftelà, les autres plus hautes ou plus baffes feront faciles à cognoiftre. La feconde Clef fe nomme C. SOL. FA. VT. laquelle eft ainfy marquée ♯, tellement auffy que la note qui eft fur icelle Clef, fera un SOL, un FA, ou un VT. Et ayant la cognoiffance de cefte note, les autres auffy plus hautes ou plus baffes fe cognoiftront par mefme moyen. La troifiefme Clef eft nommée G. SOL, RE, VT, ainfy figurée ᵹ: & la note qui fera affife fur la ligne de cefte clef, fera un SOL, un RE, ou un VT. Et ainfy par ces trois Clefs l'on pourra cognoiftre toutes les notes de l'efchelle, laquelle ie reprefenteray icy en general, contenant vint deux notes, depuis la plus baffe jufques à la plus haute, qui font trois diapafons.

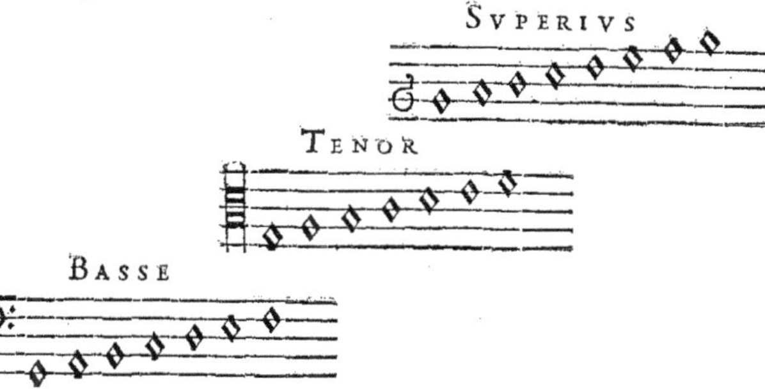

Et d'autant que chacune vois à grande peine fe peut efleuer depuis la plus baffe note de ces trois diapafons jufques à la plus haute, l'on a trouvé bon de diuifer lefdites notes en trois parties differentes, & de faire à chacune partie cinq reigles, en les fignant chacune d'une Clef, comme il fe peut voir cy deffus. La premiere partie fera la Baffe, la feconde le Tenor, la troifiefme le Superius, & fy l'on veut, l'on pourra encores y joindre une quatriefme, cinquiefme, ou d'auantage de parties.

DEFINITION IIII.

MODVLATION *eft entendu pour un changement d'un fon à un autre.*

CESTE definition n'a autre befoing d'explication.

DEFINITION. V.

MODE *eft une forte de mufique, faite foubs une certaine Modulation.*

CE MOT

Plutar-
que, en
ſon trai-
té De
muſique.
Plinne
liure 7.
Cha. 56.

E mot de Mode eſt aplé par aucuns modernes Ton. Toutefois Mode vient mieux à propos. L'inuention en eſt fort antique. Plutarque recite, qu'il y auoit trois Modes principalles de ſon temps, ſçauoir la Dorienne, la Phrigienne, & la Lidienne. La Dorienne, comme dit Plinne, fut inuentée par Thamiras Thracien; laquelle eſtoit vne eſpece de muſique graue & propre aux religieuſes deuotions. La Phrigienne fut inuentée par Marſias Phrigien; laquelle Mode eſtoit propre pour gens de guerre. Et la Lidienne fut de l'inuention d'Anſion, propre pour la mentations & chants funebres. Il y auoit encores pluſieurs autres modes jointes à ceuxcy, comme l'Iaſtienne, laquelle eſtoit variable & fredonnée; l'Eolienne, ſimple; la Mixolidienne, qui eſtoit preſque Lidienne, inuentée par Saphon, laquelle appaiſe ou eſmeut les paſſions. En ſomme, qui voudra cognoiſtre deſdites Modes antiques, liſe ce qu'en a eſcrit Ariſtoxene, Plutarque, Boëce, ou pour un moderne Zarlin, lequel a peu laiſſé en arriere de l'opinion des anciens touchant leſdites Modes. Quand à ce qui deſpend de l'inſtitution de nos Modes modernes, elles ont eſté depuis quelque 200. ans juſques au nombre de huit, ſur leſquelles les chants de l'Egliſe ſe reigloient, comme il ſe peut voir en la pratique de muſique de Franchini Gafori. Toutefois Zarlin, laborieux en ceſte ſcience, a monſtré, qu'il y en a douze compriſes au diapaſon, ſçauoir ſis principalles & ſis collaterales, leſquelles ſeront monſtrées par cy apres. Leſdites Modes eſtantes bien ordonnées, aſſubiettiſent noſtre muſique ſoubs certaines reigles conuenables à la parolle, ou au ſubiect de noſtre chant: comme par exemple, ſy nous auons un ſubiect gay, plain d'allegreſſe, nous trouuerons entre leſdites Modes modernes (leſquelles ſont au nombre de 12.) aucunes propres pour accommoder ledit ſubiect; et ſy nous auons un ſubiect triſte et lamentable, autres Modes ſeront propres pour iceluy. Il ſera enſeigné par cy apres la nature de chacune Mode, & la façon de les diſpoſer au ſubiect de la parolle.

DEFINITION VI.

Cordes ou notes Natvrelles, *ſont celles qui ſont*
compriſes en l'eſchelle de la Gamme, quand
le B. fa. *eſt dehors.*

Nov s auons deux façons d'aſſoir noſtre muſique. L'une eſt dite par ♮ quarré, autrement par nature; & l'autre par b mol: quand l'on chante par nature, ceſt quand l'on n'uſe point dudit b. mol, ny auſſy de ce ſigne ✳, ains quand l'on monte ou deſcend aux notes de l'eſchelle ſans uſer deſdits ſignes. En voicy une exemple:

DEFINITION VII.

Cordes ou notes Accidentalles *ſont celles*
qui ſont uſitées en la muſique par ces
ſignes b. *ou.* ✳.

AVTRE forte de chant ufité en la mufique eft celuy dit par b. mol, qui fe marque auec un b. fur la ligne de b. fa ♮, my, & alors il faudra muer la vois, & au lieu de chanter un my l'on en fera un fa. Comme il fe peut voir au prochain exemple :

DEFINITION VIII.

FEINTE eft une mutation de la vois, laquelle fe monftre par ce figne ✖.

IL Y A encores une autre mutation en la mufique, qui fe fait par la rencontre de ce figne ✖ dit Feinte. Alors quand ledit figne fe trouve deuant une note, l'on doibt muer la vois d'un demy ton. Car au lieu de monter ou defcendre un ton, alors ce ne fera qu'un demy ton. Comme par exemple, la Feinte ainfy notée ✖, deuant le fa en F. fa, ut, fera caufe que au lieu de defcendre un ton entier l'on ne defcendra qu'un demy ton, ce qu'il fe fera en feingnant la vois. Et auffy pareillement en montant, fy l'on rencontre ledit figne, il faudra auffy au lieu d'efleuer la vois d'un ton, la feindre comme cy c'eftoit du my au fa. Voiçy un exemple, par lequel l'on pourra comprendre ce que ie dis defdites Feintes. La premiere note eft un fol, en G. fol, re, ut; la feconde un fa en F. fa, ut. Mais neanmoints à caufe de la Feinte marquée ✖, l'on doibt tenir le fa. en F. fa, ut, un demy ton contre le fol, en G. fol, re, ut, & le chanter comme du fa, au, my: & quand l'on recontrera le figne ♮ deuant une note, comme deuant la dixiefme, il faut efleuer la vois un demy ton plus haut, & au lieu de chanter comme du my au fa, il faut chanter comme du ré au my.

DEFINITION IX.

MESVRE, eft un certain temps, par lequel font mefurées les notes auec l'efleuement & abaiffe- ment de la main.

EN COMMENCANT quelque chant que ce foit, il faut tenir la main leuée, puis l'abaiffer & relever, toufiours auec une mefme proportion, tant que le chant durera. Ceft abaiffement & releuement fe nomme Mefure, dont nous en auons ordinairement de deux fortes; fçauoir

DEFINITION X.

MESVRE DOVBLE eft celle, qui a le batement de la main en defcendant efgual au leuant.

B

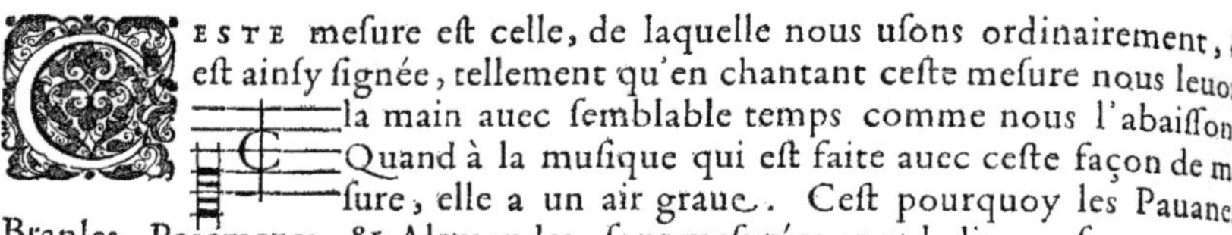

ᴇsᴛᴇ meſure eſt celle, de laquelle nous uſons ordinairement, &
eſt ainſy ſignée, tellement qu'en chantant ceſte meſure nous leuon
la main auec ſemblable temps comme nous l'abaiſſons
Quand à la muſique qui eſt faite auec ceſte façon de me
ſure, elle a un air graue. Ceſt pourquoy les Pauanes,
Branles, Paſemezes, & Alemandes, ſont meſurées auec ladite meſure.

DEFINITION XI.

Mᴇsᴠʀᴇ ᴛʀɪᴘʟᴇ eſt dite ainſy, quand en deſcendant la main
on la tient quelque temps bas deuant que la releuer, de ſorte
que le temps d'abaiſſement, le temps quelle ſe tiend
baſſe, & le temps du releuement, ſont trois
eſgualles interualles compriſes
en une meſure.

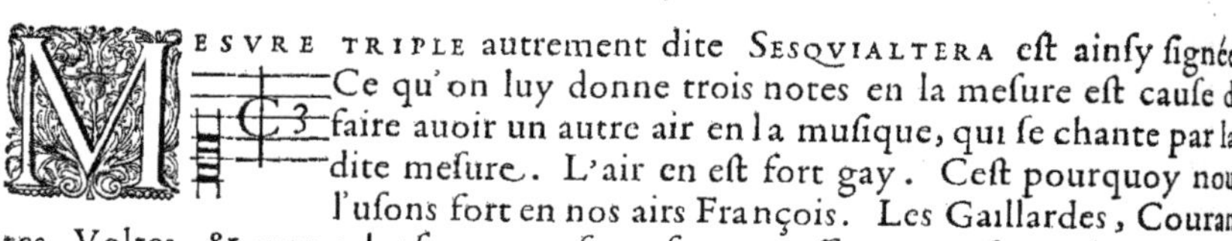

ᴇsᴠʀᴇ ᴛʀɪᴘʟᴇ autrement dite Sᴇsǫᴠɪᴀʟᴛᴇʀᴀ eſt ainſy ſignée.
Ce qu'on luy donne trois notes en la meſure eſt cauſe de
faire auoir un autre air en la muſique, qui ſe chante par la
dite meſure. L'air en eſt fort gay. Ceſt pourquoy nous
l'uſons fort en nos airs François. Les Gaillardes, Couran-
tes, Voltes, & autres danſes gayes, ſe meſurent auſſy auec ceſte meſure.

DEFINITION XII.

Pʀᴏʟᴀᴛɪᴏɴ eſt une certaine meſure de temps, que
la vois demeure ſur chacune note.

ᴇsᴛᴇ prolation a eſté differemment nommée par pluſieurs autheurs: &
auſſy auoient pluſieurs ſortes de temps. Mais ceſte ſcience de muſique
eſtante compoſée de tant de pieces, il ſemble qu'il ſeroit bon de n'y faire
entrer aucune choſe ſuperflue, à celle fin de n'offuſquer l'intelligence d'icelle.
Ainſy nous laiſſerons tous ces termes de meuf mayor, minor, parfait, imparfait, & autres ſemblables termes, dont l'on ſe peut fort bien paſſer en la cognoiſſance de ceſte ſcience. Quand à la Prolation, ceſt une inuention neceſſaire
pour allonger ou accourſir nos ſilabes. Aucuns veulent, que ceſte Prolation
n'aye eſguard que ſeulement pour trouver le nombre de Minimes qu'il faut,
pour une ſemybrefue. Mais nous eſtendrons ce mot plus oultre. Car nous
entendrons par iceluy toutes les valeurs de chacune note, & le diuiſerons auſſy
en deux, ſçauoir parfaite & imparfaite.

DEFINITION. XIII.

Pʀᴏʟᴀᴛɪᴏɴ ᴘᴀʀꜰᴀɪᴛᴇ eſt celle, qui donne la meſure
aus notes, chacune plus longue de la moitié
que les imparfaites.

ᴀʀ cy deuant ladite Prolation parfaite n'a pas eſté de tous ainſy de-
finie. Mais ce qu'il me la fait ainſy definir eſt pour beaucoup de diffi-
cultées inutiles à l'entendre autrement, tellement que nous dirons la
perfection

perfection de ceste Prolation estre, aus longues mesures que nous luy donnerons tellement que nous tiendrons lesdites mesures de chacune note la moitié encore autant ou enuiron comme les mesures ordinaires. Le signe en sera ainsy

DEFINITION XIIII.

Prolation Imparfaite *ou* Mesvre dovble, *est
dite ainsy, quand l'on peut chanter trois mesures
en mesme temps, comme deux me-
sures parfaites.*

Ceste Prolation Imparfaite est la mesure ordinaire, que nous donnons à nostre musique: & se marque comme est enseigné en la X. Definition.

DEFINITION XV.

Maxime, *est le nom de la plus longue note qui soit
en la musique, laquelle contient
viii. mesures.*

DEFINITION XVI.

Longve, *est une note laquelle contient iv. mesures.*

DEFINITION XVII.

Brefve, *est une note qui contient ii. mesures.*

DEFINITION XVIII.

Semybrefve, *est une note qui contient une mesure.*

DEFINITION XIX.

Minime, *est une note qui contient demye mesure.*

DEFINITION XX.

Noire, *est une note dont il en faut iv. pour une mesure.*

DEFINITION XXI.

Crochet, *est une note dont il en faut
viii. pour une mesure.*

DEFINITION XXII.

Demy crochet *ou* dovble crochet, *est
une note dont il en faut xvi. pour
une mesure.*

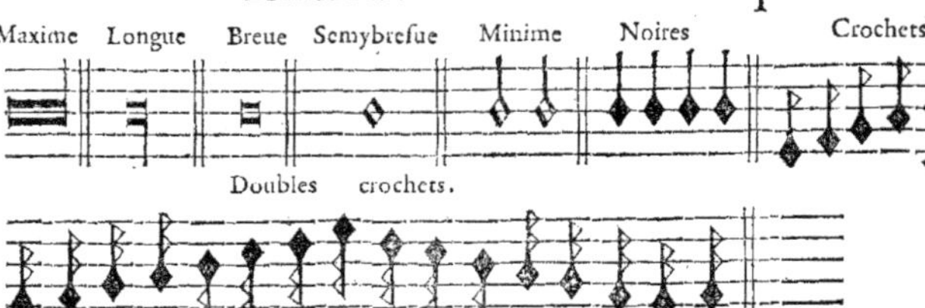

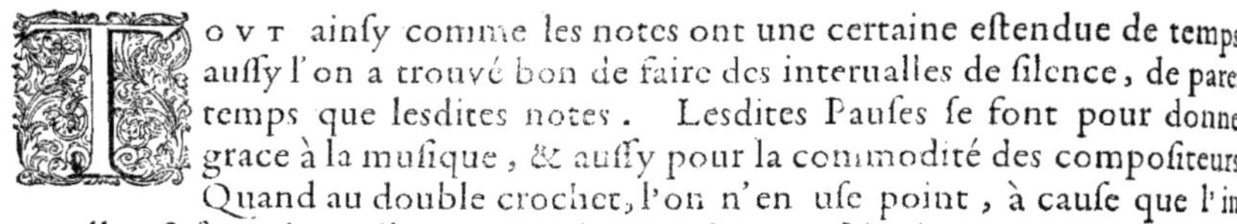

DEFINITION XXIII.

PAVSE, eſt une interualle qui ſignifie la priuation de la
vois, pour un certain temps.

TOVT ainſy comme les notes ont une certaine eſtendue de temps,
auſſy l'on a trouvé bon de faire des interualles de ſilence, de pareil
temps que leſdites notes. Leſdites Pauſes ſe font pour donner
grace à la muſique, & auſſy pour la commodité des compoſiteurs.
Quand au double crochet, l'on n'en uſe point, à cauſe que l'interualle eſt ſy petit qu'il ne pourroit pas eſtre conſideré.

DEFINITION XXIIII.

La note dite SINCOPE, eſt celle qui a un point ſuiuant
icelle: lequel point la fait valoir encores la moitié
autant que ſa valeur naturelle.

LON trouvera ſouvent ceſt accident du point poſé ioingnant une
note; lequel point ſignifie que la note vaut encores la moitié de ſa
Prolation naturelle. Comme il ſe peut voir en ceſt exemple ſuiuante, ou il y a de chacune note une Sincope au commencement
de chacune exemple, apres laquelle ſuit touſiours celle qui eſt de

valeur de
la moitié
de ladite

note ſans le Sincope, ceſt à dire de la valeur du point. Ainſy une Semibreue
auec ſon point vaudra trois Minimes : & à ladite Semybreue Sincope ſuiura la
Minime, à celle fin de retomber ſur la meſure. Ce qui ſera obſerué ſpecialle-
ment aus Minimes, Noires, & Crochets. Car ſy la note ſuiuante deſdites ſin-
copes n'eſtoient eſgualles au points d'icelles, il y auroit de la difficulté à retrou-
ver la meſure. Il ſe fait encores une autre façon de Sincope, comme il
ſe peut voir au ſuiuant exemple. Car quand une ſeule note Minime eſt deuant
quelque nombre de Semybréues, il eſt neceſſaire de batre leſdites Semibréues à
contremeſure, jusques à ce que par apres il vienne une autre Minime pour faire
retomber la meſure en ſa nature. Le meſme ſe fait auſſy aux notes Minimes.
Ainſy leſdites notes, qui ſe batront à contraires meſures, ſe nommeront encores
notes

notes fincopées.   Il arriue encores quelquesfois, qu'il y a occafion de faire une
Paufe : qui eft caufe que les notes qui la fuiuent, viennent à eftre fincopées :
comme il fe peut voir au troifiefme & quatriefme exemple : laquelle paufe fait
femblable effect de Prolation, comme fy ceftoit un point.

DEFINITION XXV.

FVGE, *eft ainfy dite quand une partie en la mufique
va deuant, & qu'une autre partie fuit, re-
petant le mefme paffage.*

COMME par exemple, quand une partie chante quelque paffage auec
une certaine modulation, fy une autre partie vient fuiure apres, auec
un autre paffage femblable, foit à Vnifon, ou Octaue, ou par une Quinte, ou Quarte; cela fe nomme Fuge, mot tiré du Latin fuga, ceft à dire
fuite; & ce d'autant que l'une partie allant deuant l'autre, il femble
qu'elle fuye.   Cefte forte de compofition par Fuge, eft la plus belle, pourveu
qu'elle foit bien ordonnée.   Il fe fait des Compofitions entierement de Fuges, dites Fuges liées, autrement Canons, mot tiré du Grec, affez mal à propos
pour ceft effect.   Car ce mot Canon eft à dire reigle.   Ie croy bien, que les
premiers inuenteurs defdites Fuges, donnans la reigle, (ceft à dire l'ordre) comme il doibt eftre chanté, ont appellé ceft ordre ou reigle Canon: comme par exemple, ils difoient Canon in diapente &c. ceft à dire, reigle en diapente. Mais
il femble que ce mot de Fuge vient mieux à propos, à caufe comme eft dit, que
une partie va deuant l'autre.

DEFINITION XXVI.

GVIDE, *eft la partie qui va deuant, en la Fuge.*

LE NOM de Guide eft donné fort à propos par Zarlin à la partie de
la Compofition qui fuit, ceft à dire qui va devant.   Et d'autant que
l'autre partie qui fuit, va apres, celle de deuant eft nommée Guide.

*Zarlin.
in tit.
Har.3.P.
Cha.54.*

DEFINITION XXVII.

CONSEQVENTE, *eft la partie qui fuit la Fuge.*

TOVT ainfy comme la partie qui va deuant fe nomme Guide, celle qui fuit
fe nomme Confequente.

CHAPITRE PREMIER.

Du nombre des confonnantes contenues entre les XXII. *notes de la Gamme.*

ES definitions de chacune confonnante ont efté monftrées à la premiere partie, & auffy les proportions de leurs interualles. A prefent eft neceffaire de demonftrer le nombre desdites confonnantes, & combien de fois chacune eft contenue en l'efchelle de la Gamme. Premierement eft neceffaire de fçauoir que aucunes desdites Confonnantes font fimples, & les autres doubles. Les Simples font celles dont nous auons traité en la premiere partie, lesquelles font fept en nombre, comprifes entre le diapafon; fçauoir diapafon, diapente, diateffaron, diton, femyditon, hexacorde mayor, hexacorde minor. Et pour demonftrer combien il y a de chacune forte desdites confonnantes fimples, contenues entre lesdites XXII. notes, nous poferons premierement 15. desdites notes en la partie Baffe,

Nombre des Diapafons contenues aus XXII. notes de la Gamme.

PARTIE SVPERIEVRE.

PARTIE BASSE.

Et contre chacune desdites notes en la partie Superieure, l'on en mettra une à l'Octaue, & ainfy l'on trouverra XV. Diapafons contenues de puis la plus Baffe note de la Gamme dite F. FA. VT. jusques à la plus haute dite gg. SOL. RE. VT.

Apres nous defcrirons encores lesdites XXII. notes, pour voir combien il y a de Diapentes. Là ou il fe peut voir, qu'il y en a XVIII. Mais il eft befoing, que la partie Baffe chante par B. mol, & la partie Superieure par ♮ quarré, à caufe que la Diapente de ♮. my en F. fa, ut, eft trop courte d'un demy ton. Ceft pourquoy abaiffant la partie Baffe un demy ton plus bas, quand l'on viendra en ladite note (ce qu'il fe fera, quand on la chantera par b. mol) alors ladite diapente aura fa mefure.

Nombre de Diapentes contenues aux XXII. notes de la Gamme.

PARTIE SVPERIEVRE.

PARTIE BASSE.

Apres

Apres pour fçauoir combien il y a de Diateffarons en ladite eftendue de xxii.
notes, nous defcrirons encores les mefmes lignes , & ainfy nous trouverons
xix. Diateffarons compris entre lesdites xxii. notes. Mais au contraire que la
partie Baffe (à l'autre partition precedente) fe chante par b. mol, en cefte prefente

Nombre des Diateffarons contenues aux xxii. notes de la Gamme.

partition, ce fera la partie Superieure, à celle fin d'auoir le Diateffaron jufte contre F. fa, ut. Car fy ladite partie haute auoit fon eftendue en cefte note par ♮
quarré, le diateffaron feroit trop haut d'un demy ton. C'eft pourquoy chantant ladite note par b. mol, elle fera plus baffe d'un demy ton moyen.

Apres fy l'on veut voir, combien il y a de Ditons entre ladite eftendue, l'on
fera encores de femblables lignes & notes en la partie de Bas , & puis l'on

Nombre des Ditons contenues entre les xxii. notes de la Gamme.

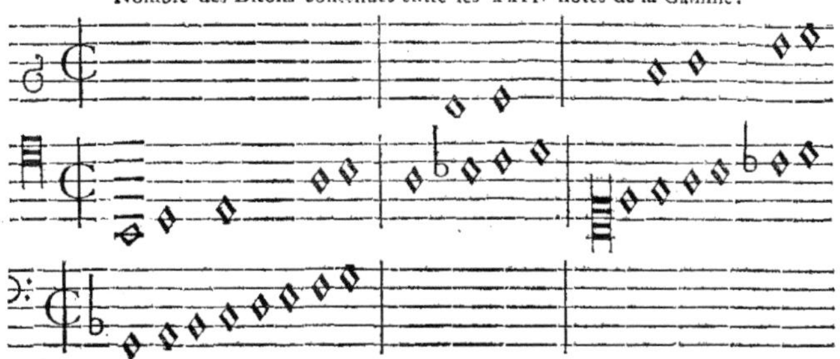

cherchera à trouver tous les Ditons, qui peuvent eftre au deffus de chacune note
de la partie Baffe. Ainfy l'on en trouverra onze, moiennant auffy que la partie
Baffe chante par b, mol, & le Deffus par ♮. quarré, comme a efté monftré en la
Diapente.

Apres pour voir la quantité de Semyditons, qui font compris entre lesdites
notes, l'on fera encores de femblables lignes & notes de Semyditons, tellement
qu'il fe peut voir, qu'il y en a xv. en ladite eftendue, moyennant que la partie
de deffus foit notée par b. mol.

Nombre de Semyditons contenues aus xxii. notes de la Gamme.

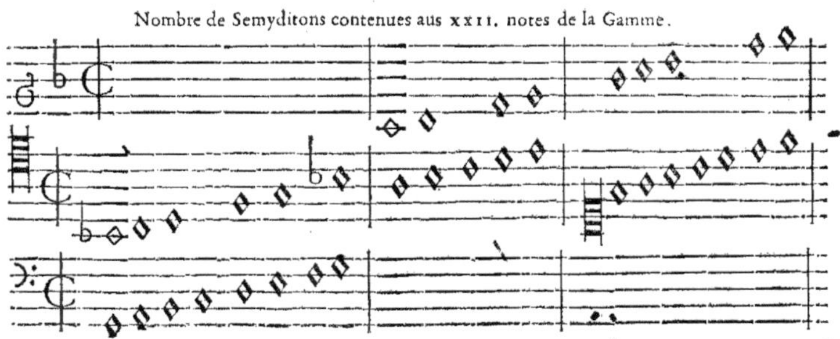

Apres

Apres ſy l'on veūt voir, combien il y a d'Hexacordes Maiors en ladite eſtenduҽ,
l'on fera encores de ſemblables lignes, mettant autant desdites Hexacordes que
l'on pourra ſur la partie Baſſe, tellement que l'on en trouverra douſe en ladité

Nombre d'Hexacordes Majors contenues aus xxii. notes de la Gamme.

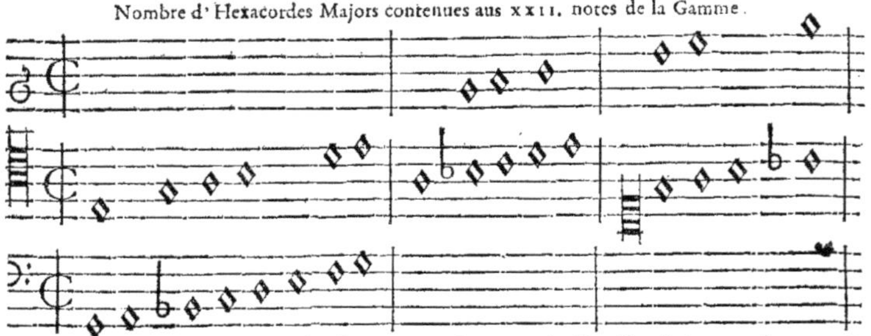

eſtendue de xxii. notes. Mais faut que la partie Baſſe ſoit notée par b. mol:
autrement lesdits Hexacordes maiors ſoubs ce ſigne ſeroient un demy ton
moins, & viendroient à eſtre minors.

Apres pour voir combien d'Hexacordes Minors il y a en ladite eſtendue,
l'on procedera encores comme deſſus eſt dit.   Puis l'on mettra autant d'Hexacordes Minors au deſſus de la partie Baſſe. Ainſy l'on en aura dix, moyennant

Nombre d'Hexacordes Minors contenues entre les xxii. notes de la Gamme.

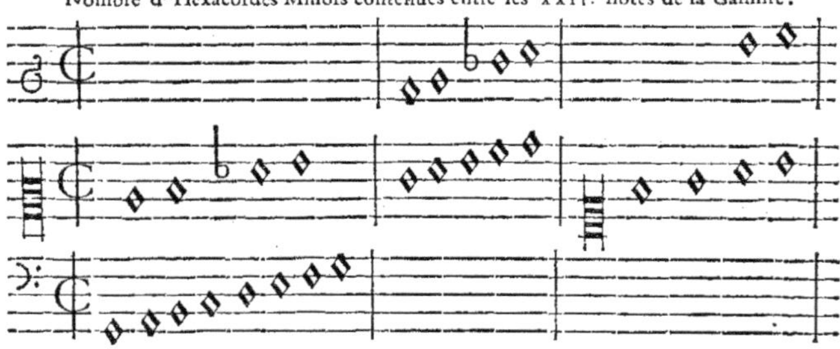

que la partie de haut ſoit notée par b. mol; tellement qu'aſſemblant toutes lesdites conſonnantes enſemble, elles ſe montent iuſtement au nombre de cent.

Quand aux Conſonnantes doubles & triples, il en a de xiv. eſpeces : ſçauoir
  1.   Diapaſon Semyditon ——————Dixieſme imparfaitҽ
  2.   Diapaſon Diton ——————————Dixieſme parfaite
  3.   Diapaſon Diateſſaron——————Onzieſme
  4.   Diapaſon Diapente ——————Douzieſme
  5.   Diapaſon Hexacorde minor——Trezieſme imparfaite
  6.   Diapaſon Hexacorde maior——Trezieſme parfaite
  7.   Disdiapaſon————————————Quinzieſme
  8.   Disdiapaſon Semyditon————Dieptieſme imparfaite
  9.   Disdiapaſon diton ——————Dieptieſme parfaite
  10.   Disdiapaſon Diateſſaron——Dishuitieſme
  11.   Disdiapaſon Diapente————Disneufieſme
  12.   Disdiapaſon Hexacorde minor Vintieſme imparfaite
  13.   Disdiapaſon Hexacorde maior Vintieſme parfaite
  14.   Triple Diapaſon——————————Vintdeuxieſme.

Elleſ

Elles se composeront aussy entre les xxii. notes de la Gamme, comme les susdites. Et en donneray encores de chacune une exemple, par ou il se pourra comprendre, combien il y a de chacune desdites consonnantes comprises entre lesdites xxii. notes.

Nombre des Diapasons Semyditons contenues entre les xxii. notes de la Gamme.

Nombre des Diapasons Ditons contenues entre les xxii. notes de la Gamme.

Nombre des Diapasons Diatessarons contenues entre les xxii. notes de la Gamme.

Nombre des Diapasons Diapentes contenues entre les xxii. notes de la Gamme.

Nombre des Diapasons Hexacordes Minors contenues entre les xxii. notes de la Gamme.

Nombre des Diapasons Hexacordes Maiors contenues entre les xxii. notes de la Gamme.

Nombre des Disdiapasons contenues aux xxii. notes de la Gamme.

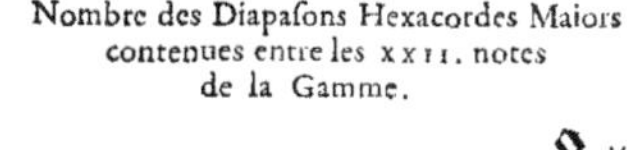

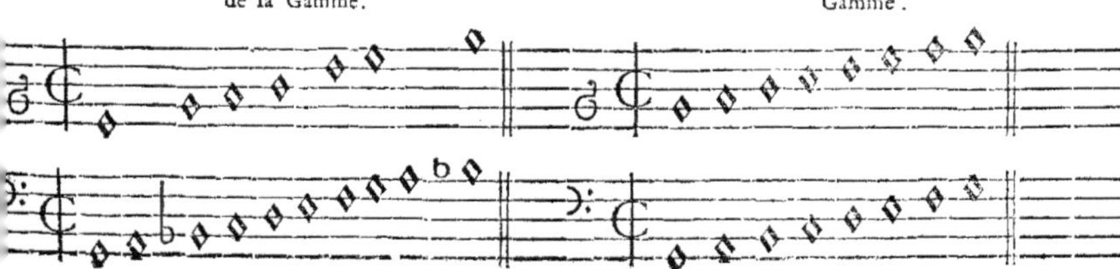

Ainſy le nombre des Conſonnantes doubles ſe montent à LXI, depuis le Diapaſon Semyditon jusques au Disdiapaſon : & le nombre des Conſonnantes triples depuis le Disdiapaſon Semyditon jusques au Triple Diapaſon ſe monte à XXII. Qui font toutes les ſusdites Conſonnantes enſemble le nombre de cent quatre vint & trois.

CHAPITRE II.

Des Conſonnantes Parfaites & Imparfaites.

DEPVIS que nous auons mis en uſage les Conſonnantes, lesquelles ſe diſtinguent en maior & minor, l'on a trouvé bon de les diſtinguer des autres. Et la cauſe pourquoy on les appelle Imparfaites, eſt qu'elles ne rendent pas une ſy bonne harmonie comme les Parfaites: dont il y en a de neuf eſpeces, comme il ſe peut voir en la ſuiuante table: Et les Imparfaites ſont au nombre de douze, contenues entre les XXII. notes de la Gamme; comme auſſy il ſe peut voir en la table ſuiuante.

QVAND à leurs degres touchant leurs perfection, premierement le Diapaſon a eſté d'un conſentement de tous les meilleurs Muſiciens (tant antiques que modernes) dit le plus harmonieux de tous; & par aucuns a eſté appellé la mere generatrice de toutes les autres conſonnantes. La Diapente ſuit apres, laquelle eſt auſſy fort harmonieuſe, mais non du tout comme le Diapaſon. Apres le Diateſſaron ſuit, qui eſt auſſy une conſonnante parfaite. Les conſonnantes Imparfaites ſont le Diton, le Semyditon, l'Hexacorde maior, & minor, & leurs doubles & triples. Il y a auſſy entre lesdites conſonnantes Imparfaites, aucunes plus parfaites les unes que les autres. Le Diton eſt le plus harmonieux d'entre les imparfaites. Apres ſuit l'Hexacorde maior. Et à celle fin que nous tenions un certain ordre aux noms desdites conſonnantes, nous les nommerons par cy apres en la Compoſition, comme elles ſont eſcrites aux ſuiuantes tables :

<table>
<tr><td colspan="3">Table des Consonnantes
Parfaites</td></tr>
<tr><td>Huitiesme</td><td>Cinquiesme</td><td>Quarte</td></tr>
<tr><td>Quinziesme</td><td>Douziesme</td><td>Onziesme</td></tr>
<tr><td>Vintdeuziesme</td><td>Disneufiesme</td><td>Dishuitiesme</td></tr>
</table>

<table>
<tr><td colspan="4">Table des Consonnantes
Imparfaites</td></tr>
<tr><td>Tierce
parfaite</td><td>Tierce
imparfaite</td><td>Sisiesme
parfaite</td><td>Sisiesme
imparfaite</td></tr>
<tr><td>Disiesme
parfaite</td><td>Disiesme
imparfaite</td><td>Treisiesme
parfaite</td><td>Treisiesme
imparfaite</td></tr>
<tr><td>Disseptiesme
parfaite</td><td>Disseptiesme
imparfaite</td><td>Vintiesme
parfaite</td><td>Vintiesme
imparfaite</td></tr>
</table>

CHAPITRE III.

Pourquoy la QVARTE *est dite consonnante parfaite.*

MAIS LES modernes pourroient icy trouver un defaut en ce que nous disons la Quarte estre consonnante Parfaite, laquelle ne se pratique nullement auiourdhuy en consonnante dessus la partie Graue; qui est la partie, sur quoy toutes les autres se fondent.   A cela ie responds, que voirement nous auons osté l'usage de ladite Quarte dessus la Basse: mais elle ne laisse d'estre consonnante en qualité de Quarte auec la partie Moyenne, quand ladite partie Moyenne est une Cinquiesme au dessus de la Basse; comme il se peut voir en cest exemple.   Mais sy la partie Basse estoit ostée, les deux autres parties rendroient un son fort dur, & estans ioints les trois en ceste façon, rendent un accord plus harmonieux qu'autre quelque ce soit composé de trois sons.   C'est pourquoy la Quarte faisant ainsy bon effect accompagnée de la Quinte, on ne la doit pas mettre au rang des Dissonnantes, lesquelles ne s'admettent en façon quelquonque en la musique, sy ce n'est qu'elles ne soient secourus incontinent de Consonnantes, comme sera enseigné par cy aprés.   Vne autre raison pourquoy elle est dite consonnante Parfaite, c'est que de tout temps elle a ainsy esté dite: & mesmement elle est encores de present en usage entre les Grecs, comme recite Zarlin: lequel dit que aus Messes solennelles qui se font par lesdits Grecs à Venize, ils usent encores de present la Quarte en la partie Basse.   Iosquin de Prés, qui a esté un fort excellent Compositeur, en a aussy usé en la Messe ditte l'Homme Armé, à quatre vois.   Et suis d'aduis, qu'en une necessité elle peut passer en la partie Basse. Mais à cause que nous auons tant d'autres Consonnantes fort à propos pour toutes sortes de subiects, nous l'auons presque delaissée.

Zarlin.
institut.
harmon.
Libri 3.
Chap. 5.

CHAPITRE IV.

Que les Dissonnantes se doibuent mesler en la Composition
pour la rendre plus agreable.

IL N'Y A pas fort long temps que nous auons commencé à user de secondes, septiesmes, neufiesmes, & quatorziesmes, en nos Compositions, à cause que comme elles sont Dissonnantes, elles auoient esté estimées inutiles au dites Compositions, & mesmement defendues.   Mais nous auons recogneu, que encores que lesdites Dissonnantes ne peuvent rendre aucuns bons effects d'eux mesmes, sy est ce qu'estans meslées ensemble à propos, comme sera enseigné, ils font sembler les Conson-

nantes qui les ſuiuent tresharmonieuſes. Ce qui ſe fait par ceſte raiſon, d'
autant que nos ſentiments ſont de telle nature, qu'ils ne peuvent bien ſentir
un bon effect, qu'il ne ſoit oppoſé à ſon contraire. Le blanc ſemblera encores
plus blanc, s'il l'on approche du noir aupres. Le doux, au gouſt ſemblera beaucoup plus doux, s'il eſt gouſté apres quelque choſe aigre. La ſenteur odori-
ferante ſemblera de meilleure odeur, ſy l'on la ſent apres quelque mauvaiſe
odeur. Meſmement la ſanté du corps ſemblera eſtre plus agreable, apres que
l'on aura ſenty quelque indiſpoſition. Auſſy pour faire trouver les conſonnantes tresagreables à l'ouye, il ſera beſoing un peu auparauant de meſler quelque Diſſonnante à propos, & peu à peu la faire perdre pour venir à tomber ſur
l'accord deſiré. Lesdites Diſſonnantes s'uſent ſpecialement aux Cadences,
comme ſera enſeigné par cy aprés.

CHAPITRE V.

Les Conſonnantes Parfaites compris l'Vniſon doibuent eſtre com-
poſées enſemble de telle façon, que ceux qui ont meſme
proportion , ne montent ny ne deſcendent
enſemble en aucune façon.

ECY eſt un point fort neceſſaire à eſtre obſerué en la Compoſition.
Car puis que l'Harmonie eſt une compoſition de choſes diuerſes,
comme a eſté dit, il eſt neceſſaire que les Conſonnantes ſoient va-
riées d'une diuerſité, ceſt à dire que celles qui ſont ſemblables, ne
montent ny ne deſcendent enſemble par meſme modulation : comme il ſe peut voir en ce preſent exemple. Et ſpecialement les conſonnantes
parfaites. Car lesdites conſonnantes, & meſme l'Vniſon, ont fort mauvaiſe
grace , quand elles ſont hauſées ou
baiſées par meſmes interualles. Ceſt
pourquoy elles ſont expreſſement defendues , comme choſes du tout con-
trevenantes à l'harmonie. Mais
ſy lesdites conſonnantes ſont en meſmes reigles , deux ou trois ou d'auantage enſemble , comme au ſuiuant

exemple, alors elles pourront paſſer. Encores n'en faut il pas trop uſer, ſy ce
n'eſt en d'aucuns airs legers ou balets Italiens.

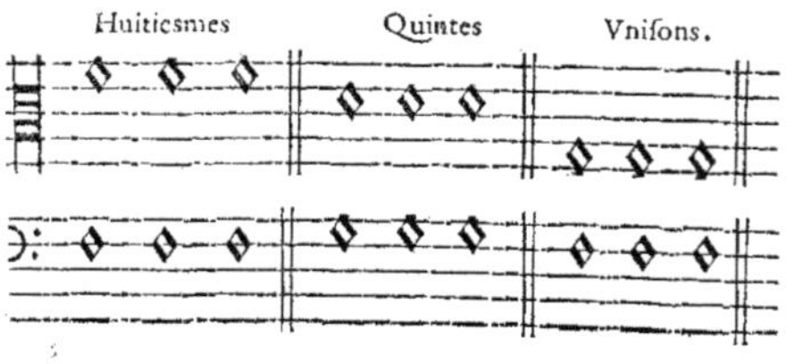

CHAPI-

CHAPITRE VI.

Les Confonnantes Imparfaites doibuent eftre compofées enfemble
de telle façon, que ceux qui ont mesme interualle, ne
montent ny ne defcendent enfemble.

L N' Y A pas une fy eftroite recherche aux confonnantes imparfaites montans ou baifans enfemble, comme aux parfaites ; d'autant que le plus fouvent il aduient, que allans ainfy enfemble, le minor fuit fouvent le maior, ou le maior le minor. Mais s'il aduenoit autrement, & que lesdites confonnantes imparfaites fuffent jointes enfemble, montans ou defcendans, comme il fe peut voir au prefent exemple, alors l'on en pourra faire une minor & l'autre maior, ou au contraire une maior &

une minor. Ce qui fe fera par le moyen du b. mol, ou d'une Feinte, comme il fe peut voir en l'exemple fuiuant. Ce qui donnera beaucoup meilleure grace à la Compofition. Et fy l'on veut laiffer la partie graue en fon entier,

l'on pourra hauffer ou baifer les notes du deffus à volonté. Autrement l'on changera la Baffe. Cela defpendra de la volonté & du fubject du Compofiteur.

Toutefois aucuns pourroient icy repliquer, que plufieurs bons Compofiteurs laiffent quelquefois paffer lesdites tierces enfemble, fans s'aubiectir à cefte façon de modulation. A la verité il y a des paffages, lesquels donneroient beaucoup de peine d'eftre entonnées auec la vois, obferuant de tous points cefte façon de modulation. Toutefois on l'obferuera autant que faire ce peut, & s'yl n'y a que deux parties enfemble, on l'obferuera de tous points. Car les erreurs que l'on fait en la Compofition, ne font pas fy toft entendues auec quantité de parties que quand il n'y en a que deux.

CHAPITRE VII.

Comme fe doibt commencer & finir les parties
en la Compofition.

N LA Compoſition il eſt fort requis de donner bon commencement aux parties, & auſſy une bonne fin. Donques, ſy ladite Compoſition ſe fait à deux ou à trois parties, il ſera fort bon de commencer leſdites parties par des Conſonnantes Parfaites : & s'il y a d'auantage de parties, on meſlera quelquefois la Tierce Parfaite auec, ou
bien la Quarte ; pourueu qu'il y aye quelques Pauſes en la partie, ou eſt ladite
Quarte : & qu'apres elle vint à tomber ſur quelque Conſonnante Parfaite, comme il ſe peut voir au ſuiuant exemple.   Quand à la fin de
la Compoſition, dite Cadence, elle doibt eſtre compoſée de
tresbonnes Conſonnantes, à celle fin de laiſſer l'ouye ſatisfaite
du tout par ceſte fin.

CHAPITRE VIII.

L'interualle de ♮ my, en F fa, ut, eſt une fauſſe Quinte.
Et par mesme raiſon l'interualle de F, fa, ut, en ♮ my,
eſt une Quarte fauſe.   C'eſt pourquoy l'on n'en
doibt point uſer au Contrepoint.

ESTE interualle de ♮ my, en F fa, ut, eſt dite fauſe Quinte, à cauſe qu'elle n'a pas la proportion des autres, ains il s'en faut un demy
ton moyen, que ſon interualle ne ſoit auſſy grande. Ce qui ſe peut
voir facilement par l'eſchelle de la Gamme, ou par le Monochorde.
Et tout ainſy que ladite Quinte a ce defaut ; auſſy la Quarte, qui eſt
au deſſus depuis F fa, ut, juſques à ♮ my, eſt un ſemblable demy ton plus haut
que ſa proportion.   La fauſe Quinte eſt compoſée d'un ton mayor, un minor, & deux ſemytons maiors ; leſquels aſſemblées enſemble font une interualle comme de XLV. à LXIV.   Et la fauſe Quarte, eſt compoſée de deux
tons maiors, & un minor, qui font une interualle comme de XXXII. a XLV.
Ainſy il ſe peut voir par la XII. Propoſition de la premiere partie, que la fauſſe
Quinte ſurpaſſe la fauſe Quarte ou Triton d'une petite interualle, comme de 2⅓.
à 2880. qui eſt un peu plus que les ⅔ d'un comma.   Ainſy il ſe peut voir,
que leſdites deux interualles ne ſont conſonnantes parfaites ny imparfaites.
C'eſt pourquoy il faut bien guarder d'en uſer au Contrepoint, ſy ce n'eſt en
les aydans du b. mol, ou de la Feinte de F fa, ut : comme il ſe peut voir en
ceſt exemple.

CHAPITRE IX.

Des Modes antiques & modernes, & de leurs effects.

IL A ESTE monſtré par cy deuant, ce que ceſt que Mode. A preſent nous monſtrerons, combien il y en a, & les effects qu'elles peuuent produire. Ie parleray premierement des Antiques, leſquels donnerent nom à leurs Modes, ſuiuant le pais ou ils furent inuentées. *Cinqui-eme De-finition.*

La DORIENNE eſtoit eſtimée fort modeſte, & remplie de grauité. C'eſt pourquoy Platon en ſa Republique reiette toutes les autres Modes, reſeruant ſeulement ladite DORIENNE, comme eſtante propre à maintenir la ieuneſſe à une certaine action graue. L'on racónte auſſy beaucoup d'effects, que la Mode PHRIGIENNE a cauſées. Elle eſtoit de nature rude. Les Lacedemoniens, quand ils marchoient en bataille, ſonnoient ladite Mode ſur phifres, comme recite Valere; & ne combattoient point, qu'ils ne fuſſent eſchaufées premierement auec le ſon deſdits phifres. La mode LIDIENNE auſſy auoit une grande puiſſance ſur nos paſſions. Elle eſtoit douce & pitoyable. *Dictor. fact. lib. 2. Ch. 1.*

Ariſtote la diſoit eſtre propre à la doctrine & à l'ornement. Plutarque dit, qu'Ariſtoxene recite en ſon premier liure de Muſique, qu'Olimpe ſonna auec le phifre une lamentation funebre de Mode Lidienne, ſur la mort de Piton. En ſomme les Anciens ont raconté beaucoup de choſes eſtranges, touchant les effects des diuerſes modes. *Plutar-que, en ſon traité de muſi-que.*

QVAND à celles dont nous uſons aus chants de l'Egliſe, l'on en attribue l'inuention au Pape Gregoire premier. Elles ſont au nombre de huit audit chant Eccleſiaſtique. Toutefois Glarean, & depuis luy Zarlin, ont monſtré par la difference des Diapentes & Diateſſarons, que nous deuons auoir douze Modes, dont nous monſtrerons la ſituation & nature de chacune. Mais premieremenr ie veux expliquer ces parolles de diferentes Diapentes & Diateſſarons. Car il eſt certain, qu'elles ſont toutes compoſées d'un meſme interualle. Mais les interualles de tons & ſemytons, qui ſont entre le ſon graue & l'aigu, ſont ſituées diuerſement: Comme par exemple : Sy le ſon graue de la Diapente eſt en C. Sol, fa, ut, pour monter par degrés du ſon graue à l'aigu, il faudra chanter ut, re, my, fa, ſol. Mais ſy ladite Diapente commence en D. la, ſol, ré, alors il faudra chanter, re, my, fa, ſol, la, tellement que le demy ton ſe trouve en la premiere Diapente enclos en la troiſieſme interualle, & à la ſeconde il ſe trouve en la deuxieſme. Voilà la difference de ces deux Diapentes, leſquelles neantmoins ſont de meſme eſtendue, & auſſy les Diateſſorons, tellement que ceſte difference ſe fait en ſis façons, en l'eſtendue du Diapaſon : comme il ſe peut voir par ceſte exemple ſuiuant. Qui eſt cauſe, que quand l'on fait une Compoſition ſoubs l'eſtendue d'un deſdits Diapaſons, & que l'on reïtere ſouuent la

premiere

premiere note, la cinquiesme, la huitiesme, ladite Compoſition aura un autre
air, que ſy elle eſtoit faite ſoubs l'eſtendue d'une autre. Comme par exemple:
Soit quelques notes diſpoſées entre le Diapaſon de C. ſol, fa, ut, & apres ſoit

de ſemblables interualles de notes miſes entre le Diapaſon de D. la, ſol, ré: il eſt
certain, que le premier exemple ſera tout autre en modulation, que le ſecond,
à cauſe que la tierce maior eſt en la partie baſſe de la Diapente du premier exemple: & au ſecond exemple la tierce minor, eſt au bas de ladite diapente: & auſſy
le Diateſſaron de G. ſol, re, ut. à C. ſol, fa, ut, du premier exemple, n'eſt du
tout ſemblable au Diateſſaron du ſecond de A la mi, ré, à D. la, ſol, ré: d'autant que le demy ton, eſt au premier exemple compris entre la troiſiesme interualle, & à la deuxiesme exemple, ledit demy ton eſt en la deuxiesme; & auſſy
le Diton à la premiere exemple eſt au bas du Diateſſaron, & à la deuxiesme il ny
a nul Diton compris au Diateſſaron entre A . la, my, ré, & D. la, ſol, re. Ceſte
differente modulation apporte un changement d'air en la muſique. Car il ſe
peut ouir apparemment, que la nature de la premiere exemple eſt beaucoup
plus gaye que la ſeconde; laquelle eſt graue, à cauſe que le Diton à la premiere
exemple eſt en la partie baſſe de la Diapente, & du Diateſſaron, comme a eſté dit;
& au contraire, ledit Diton en la deuxiesme eſt en la partie haute de ſa diapente.
Et faut noter, que toutes les Modes ayans ainſy le diton en bas, ſeront plus gayes
que les autres: comme ſera monſtré icy apres en chacune Mode en particulier.

CHAPITRE X.

De la ſituation des notes Principalles contenues aus douſes
Modes, & comme il en faut uſer.

PVIS QVE les Modes deſpendent des diuerſes ſituations de la Diapente & Diateſſaron, il eſt certain, qu'elles ſont au nombre de XII.
ſçauoir ſis Antentiques ou Principalles, & ſis Plagalles, ou Colateral-
les. Les ſis Principalles ſont celles, qui ont la Diapente en bas,
& le Diateſſaron en haut; & les ſis Colaterralles ont le diateſſaron en
bas, & la Diapente en haut: comme il ſe peut voir au preſent exemple.

QVAND

Qvand à la Compofition que l'on fera fur chacune Mode, il fera bon de
ne point outrepaffer les deux extremités du Diapafon, qui contient ladite Mode, fy ce n'eft quelque fois d'une note ou deux plus haut ou plus bas.   Et le
moins que l'on le paffera, fera le meilleur.   Il faut auffy noter, qu'en toutes les Modes tant antentiques que plagalles, la derniere note ou cadence, fera
celle qui fait le fon graue de la Diapente contenue en icelle Mode: comme il fe
pourra voir en diuerfes exemples cy apres fur chacune Mode.   Et quand à
la note comprife entre le Diapafon dite d'aucuns modernes NOTE DOMI-
NANTE, on la fera ouir fouuent, à celle fin de fuiure la nature de la Mode,
ou ladite note fera.   Car ceft celle qui donne ordinairement l'ornement à la
Mode, que l'on defire reprefenter.

CHAPITRE XI.

De la Premiere Mode dite Antentique, & de fa nature.

LA PREMIERE Mode, comme fe peut voir au chap. precedent, eft
comprife au Diapafon de C. fol, fa, ut, en forte que la quinte de C. fol,
fa, ut, qui eft G. fol, ré, ut, fera la note dominante, & les deux autres
enfemblement feront le gouuernail de toutes les autres.   Ladite Mode de fa
nature eft gaye & alaigre.   Ceft pourquoy, quand l'on aura quelque fubiect gay,
l'on s'en feruira.   En voycy une exemple de la octante & uniesme Pfeaume
de Dauid, traduite en François, ou ceft que l'on peut remarquer la gayeté de
fa modulation.

PREMIERE MODE ANTENTIQVE.

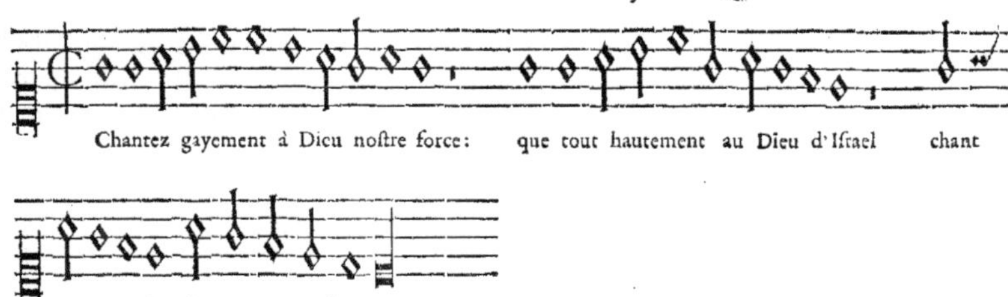

CHAPITRE XII.

De la Deuxiesme Mode, dite Colateralle, & de fa nature.

LA DEVXIESME Mode fe finit en la mesme note comme la premiere,
d'autant comme a efté dit par cy deuant au 10.eme Chap. que toufiours
la fin de chacune Mode fe doibt terminer en la note graue de la Diapente.   Donques cefte Mode eftant contenue entre le Diapafon de G. fol, re,
ut, la quinte en bas du fon aigu dudit G. fol, re, ut, fera C. fol, fa, ut.   Ainfy
ladite note de C. fera la fin, & auffy la notte dominante de ladite Mode.   En
voicy une exemple tirée du 89.eme Pfeaume, laquelle eft plaine de grauité, mes-
lée d'une alegreffe.

D

SECONDE MODE PLAGALLE.

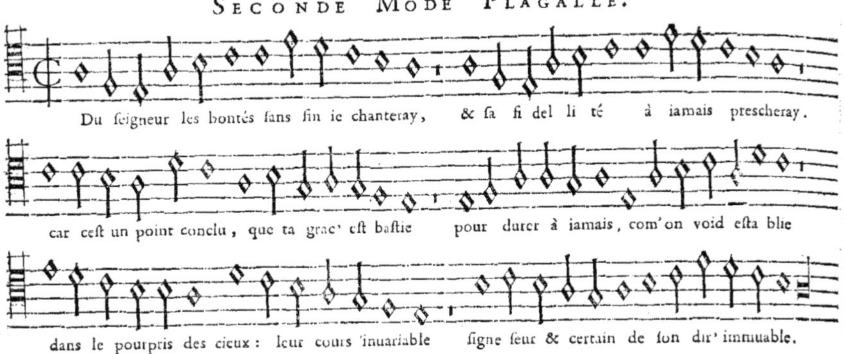

CHAPITRE XIII.

De la Troiſieſme Mode, & de ſa nature.

ESTE Mode a ſa modulation fort graue & gaye, à cauſe que le Semyditon eſt en la partie baſſe tant de la Diapente comme du Diateſſaron. Et comme a eſté dit au Chap. 9eme, les Modes qui ont ainſy le Semyditon en la partie baſſe, feront toutes meſlées de quelque grauité. En voicy une exemple, ou il ſe peut remarquer une certaine grauité au chant, fort propre pour le ſubiect des parolles. Ladite Mode eſt contenue entre le Diapaſon de D. la, ſol, re. Elle a ſa notte dominante en A. la, mi, ré. Quand à la cinquieſme note, qui eſt un ton plus bas que l'eſtendue de ladite Mode, cela ſe peut faire auec licenſe, voire deux ou trois notes plus bas, ou plus haut, pourueu que leſdites notes ne ſoient pas ſouuent repetées, & que les cadences ne tombent point deſſus.

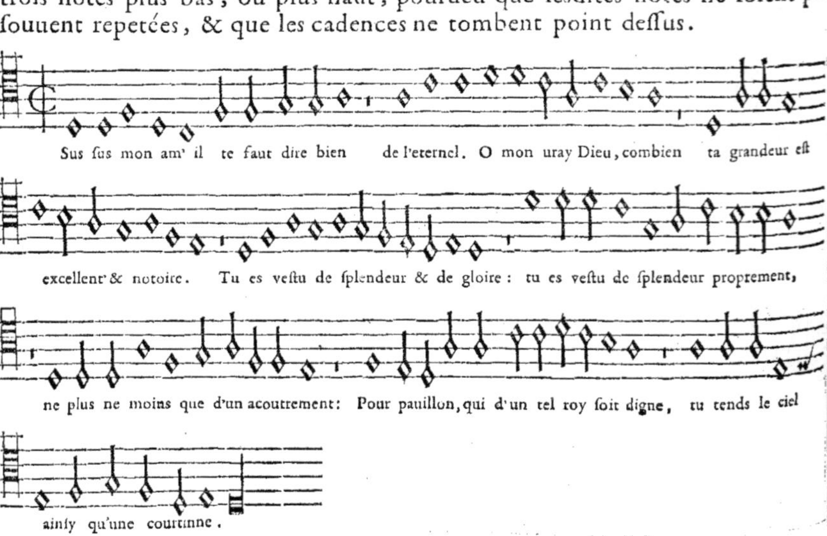

CHAPITRE XIIII.
De la Quatriesme Mode, & de fa nature.

LA QVATRIESME Mode eft contenue entre le Diapafon de A. la, my, ré, ayant fa notte dominante en D. la, fol, ré.   Elle eft de nature propre en lamentations & complaintes.   Ie n'ay point trouué entre les Pfeaumes, traduites en François, aulcunes qui fe chantent fuiuant ladite Mode.   Nous ne laifferons d'en donner une exemple, prenant la 137ᵉᵐᵉ pour le fubiect de la parolle, lequel fubiect eft lamentable. Et en oultre pour aider quelquefois audit fubiect & le faire encores plus lamentable, l'on ufera de Faintes, ou bien du b. mol: comme il fe peut voir au fuiuant exemple.

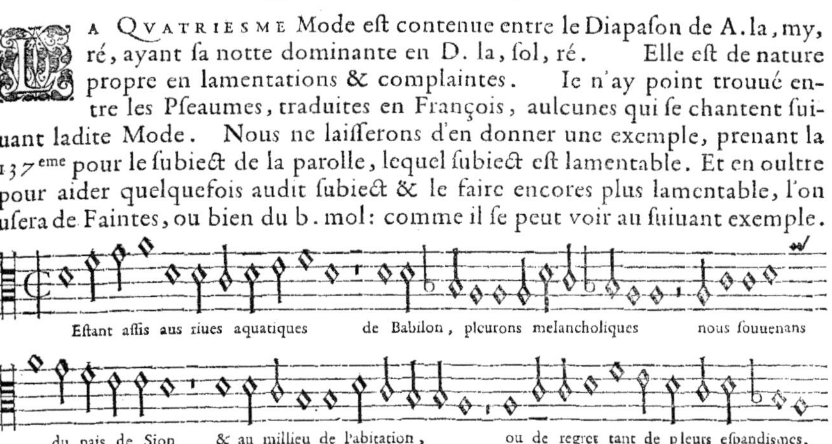

CHAPITRE XV.
De la Cinquieme Mode, & de fa nature.

CESTE cinquiesme Mode, comme la precedente, eft fort propre aus fubiects triftes, à caufe de la fouuente reiteration du my.   Elle a fon eftendue de nottes comprifes au Diapafon de E. la, my.   La notte dominante eft ♮ my.   Ie n'ay point trouué non plus que la precedente aucunes Pfeaumes en François, qui fe chante de cefte Mode. Ceft pourquoy i'ay prins encores une defdites Pfeaumes d'un fubiect aucunement melancolique, auquel i'ay donné les nottes fans fortir de cefte Mode.

LA CINQVIEME MODE, DITE PLAGALLE.

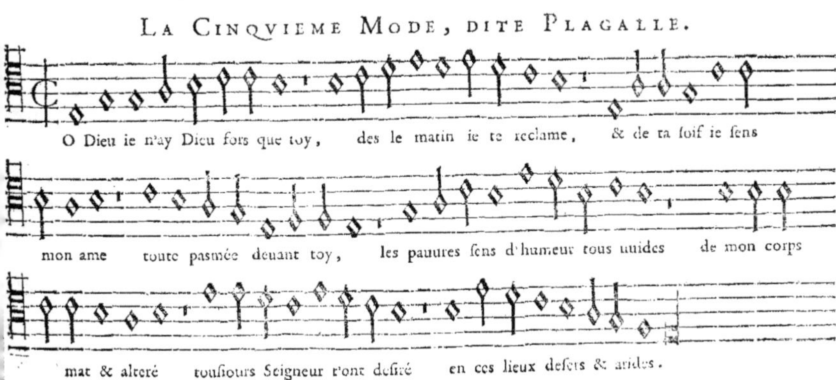

CHAPITRE XVI.

De la Siſiesme Mode, & de ſa nature.

L A SIXIESME Mode dite Plagalle, tient de la mesme nature de la Cinquieme ſa compagne, à cauſe de la frequente reiteration des notes de ♮ my, & E. la, my. Ladite Mode ſeroit extremement bizarre, ſi elle n'eſtoit aidée de la note au deſſus de ♮ my, dite C. ſol, fa, ut: & s'il faloit monter la quinte de E. la, my, en ♮ my, par degrés, ceſt à dire de ſon en ſon, l'on trouueroit ceſte modulation fort eſtrange, à cauſe que le Triton s'y trouue. Car montant ces nottes, lesquelles font cinq, faiſants quatre interualles, la premiere eſt un ſemyton, & les trois autres de ſuite chacun un ton, qui font enſemble l'interualle dudit Triton, lequel eſt fort rude, non ſeulement ſon interualle, mais auſſy ſa modulation par degrés, tellement qu'il n'en faut gueres uſer, & ſpecialement en montant. Ie n'ay point trouué aux pſeaumes Françoiſes, que ladite Mode y aye eſté employée correctement. I'ay prins le ſubiect du 88ᵉᵐᵉ Pſeaume, lequel eſt aſſez melancolique, ſur lequel i'ay fait le chant ſuiuant.

LA SISIESME MODE, DITE PLAGALLE.

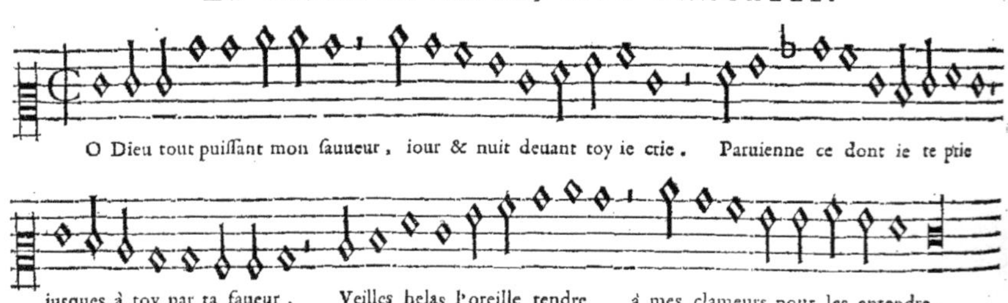

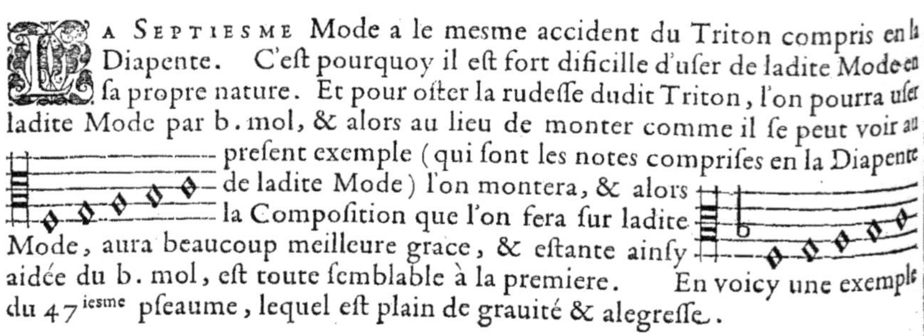

CHAPITRE XVII.

De la Septiesme Mode, & de ſa nature.

L A SEPTIESME Mode a le mesme accident du Triton compris en la Diapente. C'eſt pourquoy il eſt fort dificille d'uſer de ladite Mode en ſa propre nature. Et pour oſter la rudeſſe dudit Triton, l'on pourra uſer ladite Mode par b. mol, & alors au lieu de monter comme il ſe peut voir au preſent exemple (qui ſont les notes compriſes en la Diapente de ladite Mode) l'on montera, & alors la Compoſition que l'on fera ſur ladite Mode, aura beaucoup meilleure grace, & eſtante ainſy aidée du b. mol, eſt toute ſemblable à la premiere. En voicy une exemple du 47ⁱᵉˢᵐᵉ pſeaume, lequel eſt plain de grauité & alegreſſe.

Or ſus

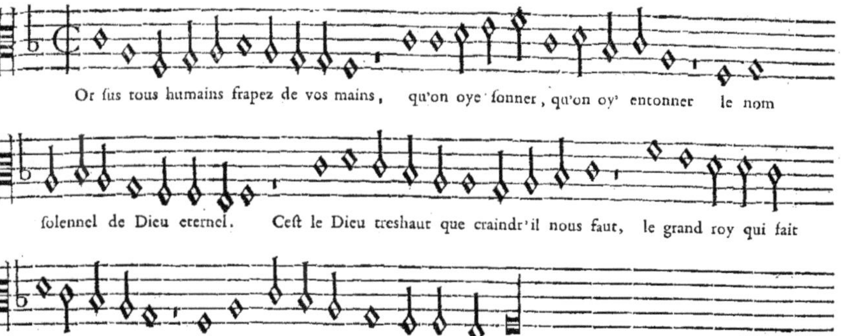

CHAPITRE XVIII.

De la Huitiesme Mode, & de fa nature.

C ESTE MODE auffy (comme la præcedente) a befoing d'eftre compofée par le b. mol, à caufe du Triton qui fe trouue encore enclos en la Diapente. Sy ce n'eftoit ce remede, elle feroit extremement rude. Quand à fa nature, elle eft fort femblable à la Deuxiesme, ayant fa modulation graue. I'ay mis icy une exemple du 101eme Pfeaume, lequel fe chante fuiuant ladite Mode.

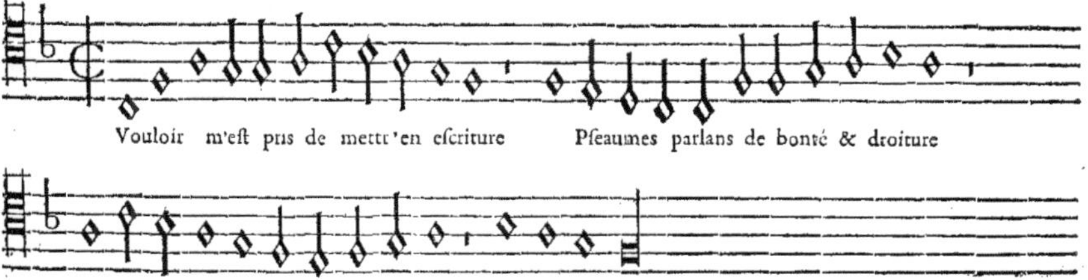

CHAPITRE XIX.

De la Neufiesme Mode, & de fa nature.

L A NEVFIESME Mode, comme dit Zarlin, eft propre aux fubiects pleins de perturbation & ire. Elle eft contenue au Diapafon de G. fol, re, ut, ayant pour fa note Dominante D. la, fol, re. Elle eft de nature propre pour fubiects lamentables & aclamations. I'en ay mis icy un exemple du 57iesme Pfeaume.

NEVFIESME MODE ANTENTIQVE.

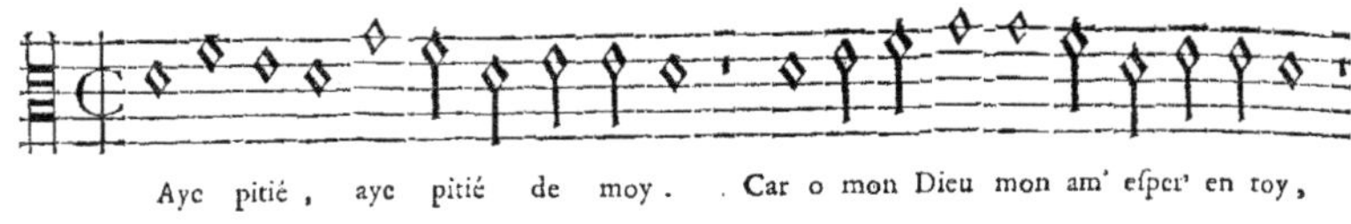

CHAPITRE XX.

De la Diſiesme Mode , & de ſa naturę.

LA DISIESME Mode eſt contenue au Diapaſon de D. la, ſol, ré, ayant G. ſol, re, ut, pour ſa note Dominante. Ceſte Mode eſt fort graue, meſlée de grande douceur. I'en donneray icy une exemple ſur le ſubiect du 78ieme Pſeaume, lequel vient aſſez à propos pour ceſte modę. La ſiſieſme note , comme il ſe peut voir, ſe chante par b. mol. Ce qui n'eſt pas de ſa nature. Mais ceſt pour eſuiter la rudeſſe du Triton, qui eſt de la quatrieſme note F. fa, ut, contre ♮ my. Et encores que G. ſol, re, ut, ſoit entre deux, ſi eſt ce que ſy l'on chantoit ladite note en ♮ quarré, elle ſonneroit fort rude. Ce qui ſera pour exemple en ſemblables modulations. Car encores que les Modes ayent eſté faites pour les obſeruer, ſy eſt ce que quand il ſe preſentera quelque difficulté en leurs natures, il ſera bon de s'aider de quelques notes accidentalles , non compriſes aus dites modes .

DISIESME MODE PLAGALLE.

CHAPI-

CHAPITRE XXI.

De l'Onziesme Mode, & de sa nature.

CESTE MODE est comprise au Diapason de A. la, mi, re, ayant sa note Dominante en E. la, my.   Elle a la Diapente de A. en E. conforme à la troisiesme Mode.   Mais le Diatessaron de E. en a. en celle icy est dissemblable à celuy de ladite troisiesme, d'autant que cestuycy monte du my au la, & la troisiesme du ré au sol.   Ceste difference me fait iuger cestuycy un peu plus doux, ou lamentable, à cause du demy ton qui est en la partie basse du Diatessaron.   Ladite Mode est propre pour subiects graues, meslées de douceur.   Ie n'ay point trouué, que l'estendue de ceste Mode (c'est à dire depuis la note basse iusques à la haute) aye esté obseruée en nos Pseaumes Françoises.   La 72iesme est bien de ceste Mode.   Mais à cause, que le Diatessaron n'est pas au dessus de la Diapente, i'ay mis icy la mesme Pseaume. mais ie la fais monter iusques à sa note supresme, qui est A. la, mi, ré.

ONZIESME MODE ANTENTIQVE.

CHAPITRE XXII.

De la Douziesme Mode, & de sa nature.

TOVT AINSY comme l'Onziesme Mode, & la Troisiesme, ont leurs Diapentes semblables : aussy ceste Dousiesme a la sienne semblable à la Quatriesme.   Mais les Diatessarons sont differens en modulation de l'un à l'autre.   Ceste mode est de nature tresdouce & agreable, propre pour louanges remplies de graues propos. Ses notes sont comprises au Diapason de E. la, my.   Sa note Dominante en A. la, mi, ré.   Le 18icsme Pseaume se chante entierement de ceste Mode.

DOVZIESME MODE, DITE PLAGALLE.

CHAPITRE XXIII.

Pour cognoiſtre la nature de chacune Mode.

LES SVBIECTS de noſtre Muſique, ſont compoſées de quelques unes des affections deſpendantes de ces trois principalles: ſçauoir la premiere gaye ou alaigre, la deuxieſme melancolique ou lamentable, la troiſieſme graue ou ſeuere; ou bien du meslange de graue & alaigre enſemble, ou de graue & lamentable. Ainſy nous ordonnerons icy une Table, par laquelle l'on pourra cognoiſtre la nature de chacune Mode en particulier, tellement que ſuiuant le ſubiect qu'aurons à compoſer, nous ferons election d'une Mode conuenable à yceluy, reiterant aſſez ſouuent les notes principalles de ladite Mode. Et ſy le ſubiect eſt fort triſte, oultre de ce qu'il pourra eſtre de la 5. ou 6ieme Mode, on le pourra encores aider par la Compoſition de pluſieurs Semyditons & Semytons, lesquels ſe peuuent faire par le moyen des notes accidentalles. Comme il ſe pourra voir par cy apres.

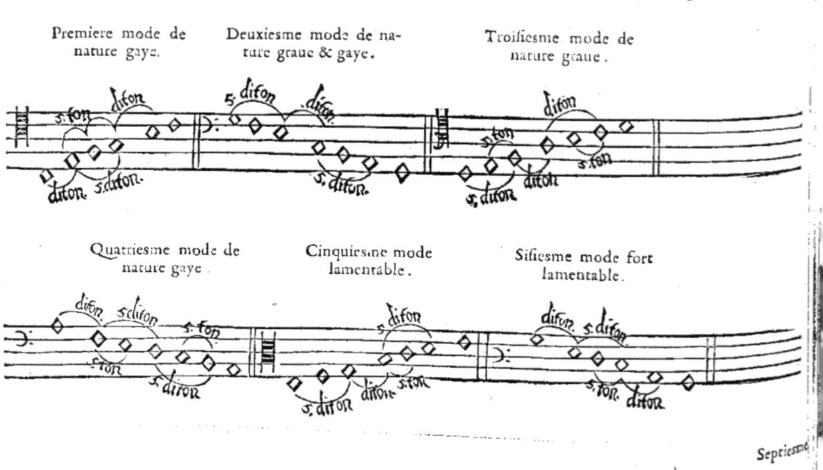

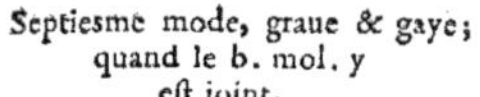

Septiesme mode, graue & gaye;
quand le b. mol. y
eſt ioint.

Huitiesme mode, graue & alaigre; quand le b. mol y
eſt ioint.

Neufiesme mode, graue
& lamentable.

Dixiesme mode, graue
& gaye.

Onziesme mode , graue & un
peu lamentable.

Douziesme mode, graue &
lamentable.

CHAPITRE XXIV.

*Qu'il eſt requis à celuy, qui ſe veut mesler de la Compo-
ſition , de ſçauoir jouer des Orgues , ou bien
d'auoir quelque cognoiſſance
du Clauier.*

IE NE DOVBTE pas, qu'il n'y aye beaucoup d'excellents Compoſiteurs, lesquels ne ſcauent aucunement iouer des Orgues ny de l'Eſpinette. Toutefois ie dis , qu'il eſt requis d'en ſçauoir, encores que ce
ne fut que peu; d'autant que par la cognoiſſance que l'on a du Clauier, on vient beaucoup plus toſt à la pratique de la Compoſition.
Car ledit Clauier donnera facillement la cognoiſſance (à celuy qui ne ſeroit
point experimenté) des fauſes Quintes & Quartes, lesquelles pourroiẽt ſuruẽ-
nir à la Compoſition; & mesmement donnera facille cognoiſſance pour compoſer les Ditons, Semyditons, Hexacordes maior & minor, ſelon qu'a eſté enſeigné au Siſiesme chapitre. Car les Feintes, autrement dites notes Accidentalles, ſupleront au defaut des Naturelles. Et s'il eſtoit ainſy, que celuy qui
vouldroit apprendre ladite Compoſition, ne ſçeut iouer ny des Orgues ny Eſpinette, à ce defaut il apprendra à auoir la cognoiſſance du Clauier: comme i'en ay
mis icy un pour exemple, lequel ſera touſiours deuant luy en compoſant, à celle
fin comme a eſté dit, de pouruoir aux Tierces & Siſtes, & les ſçauoir faire monter
ou deſcendre ſelon la naturelle harmonie, aſçauoir le maior apres le minor, ou
le minor apres le maior. Ledit clauier auſſy ſeruira icy, pour donner la
cognoiſſance des Feintes, lesquelles ſe trouuent en la Compoſition.

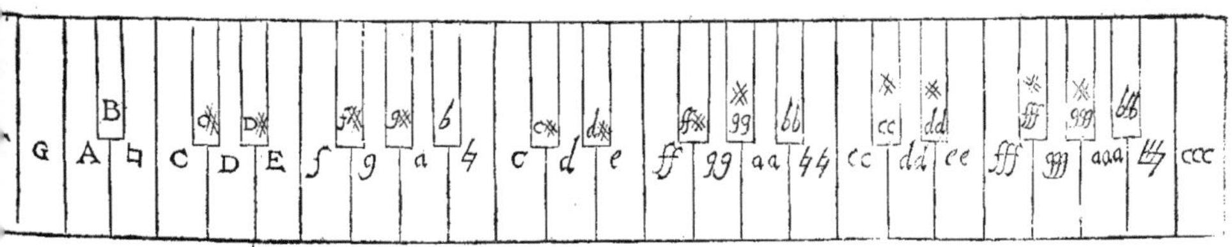

CHAPITRE XXV.

Comme on doibt faire un Contrepoint de note contre note à deux vois, ſur un ſubiect donné.

IL EST neceſſaire, que celuy qui veut venir à la cognoiſſance de quelque ſcience, commence par quelque choſe aiſée, & aprés de degré en degré monter iuſques là ou il ſera capable d'ataindre. Auſſy ceſte ſcience de compoſer pluſieurs parties enſemble, ne ſe peut monſtrer ſinon en commençant par les choſes plus facilles. Donques nous commencerons à donner à entendre pour faire un Contrepoint ſur un ſubiect donné, comme il ſe peut voir au ſuiuant exemple. Premierement il ſera beſoing de reguarder, de quelle Mode eſt ledit ſubiect. Ce qui ſe pourra ſçauoir par la derniere note. Car comme a eſté dit au diſieſme chap. chacune Mode ſe doibt finir par la notte inferieure, (ceſt à dire la plus graue) contenue en la Diapente de chacune deſdites Modes. Ainſy conſiderant le ſuiuant ſubiect, on le trouuera de la ſeconde Mode, encores qu'il n'aye pas ſon eſtendue de la quinte au deſſus de la derniere note dite Cadence. Car ſy le Diateſſaron y eſt, encores que la Diapente n'y ſoit compriſe, cela ſuffira pour cognoiſtre le Mode. Mais ſy ceſtoit un ſubiect trois ou quatre fois plus long que ceſtuycy, il ſeroit bien requis que l'eſtendue du Diapaſon y fut, à celle fin d'auoir une modulation plus diuerſe: & apres que l'on aura cognoiſſance dudit ſubiect, il le faudra mettre entre huit lignes, comme il ſe peut voir au ſuiuant exemple en la partie Baſſe: puis commencer le Contrepoint par une conſonnante parfaite, comme a eſté dit au ſeptieſme Chapitre: & apres venir à tomber ſur des conſonnantes imparfaites: & ainſy pourſuiure de note en note, prenant guarde à eſuiter les fauſes quintes & quartes: & auſſy de ne faire monter ny deſcendre deux conſonnantes parfaites enſemble. Mais pour les conſonnantes imparfaites, elles ſe pourront mettre, comme a eſté dit au chap. ſiſieſme, ſçauoir le minor apres le maior, & le maior apres le minor, ſy ainſy eſt qu'elles montent ou deſcendent enſemble, comme il ſe peut voir en l'exemple preſente en la huit & neufieſme note. Il eſt auſſy fort requis, que le Contrepoint que l'on fera ſur le ſubiect, ſoit de meſme Mode comme ledit ſubiect, ſy l'on peut, (car autrement il n'y a point de reglement contraint) à celle fin d'auoir la meſme modulation ou enuiſon. Car ce ſeroit choſe impropre, que le ſubiect fut d'une nature gaye, & le Contrepoint d'une nature lamentable. Il faut auſſy prendre guarde de n'esloingner point les parties l'une de lautre au deſſus du Diapaſon. Toutefois il n'y a point de reglement contraint. Mais l'on pourra en neceſſité les esloingner iuſques à la douzieſme. Et le plus proche que les parties s'aprochent, le meilleur ſera. Et ainſy apres que le Contrepoint ſera fait, l'on mettra chacune partie à part, comme il ſe peut voir ycy ſuiuant.

CHAPITRE XXVI.

Au Contrepoint il faut le plus souuent que les parties aillent par
mouuement contraire. Et de quelques accidens,
qui pourroient suruenir en la
Composition.

IL Y A tant de considerations en la Composition des parties de la Musique, qu'il sera difficile de parler de toutes. Il y a aucunes choses qui sont à demy deffendues, cest à dire, qu'il n'est pas bon d'en trop user. Et d'autres sont indifferentes, toutefois l'une aporte plus de grace que l'autre au chant. Comme par exemple. Celuy peut estre penseroit auoir tresbien fait un Contrepoint, quand il est composé sur un subiect, esuitant tout ce qui est prohibé. Toutefois il pourra estre abusé touchant la grace que doibt auoir ledit Contrepoint, s'il n'est aduerty d'aucunes reigles qu'il doibt tenir en ladite Composition. Comme par exemple. I'ay mis encores ycy un subiect, lequel comme au precedent chap. est mis entre huit reigles, & au dessus d'iceluy fait le Contrepoint par bonnes consonnantes. Toutefois, quand il sera chante, il n'y aura nulle grace en la modulation dudit Contrepoint. La raison est, que les parties montent & descendent le plus souuent ensemble. Ce qu'il faut esuiter le plus que l'on pourra, en faisant monter

SVBIECT DV SEPTIEME MODE.

CONTREPOINT DE FORT MAVVAI-
SES MODVLATIONS.

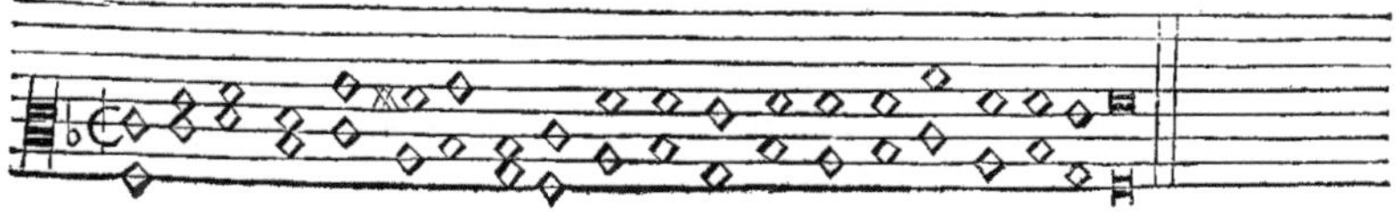

l'une, quand l'autre descend. Comme il se peut voir en ce second exemple, lequel a beaucoup plus de grace que le premier. Et aussy est besoing de

ſçauoir, que quand il ſe rencontrera quelque mouuement ou le Contrepoint
(qui eſt la partie aigue contre le ſubiect) auroit meilleure grace, tenant la partie
graue, il n'y aura nul danger, comme il ſe peut voir aus diſieſmes notes, leſquelles font une tierce parfaite, l'une contre l'autre.   Ie dis donques , que la
partie aigue aura meilleure grace de deſcendre de la neufieſme note, qui eſt F.
fa, ut, en ſon octaue en bas, que non pas à la ſiſieſme : & ce d'autant, que ladite
octaue ſera plus facile à entonner de la vois que non pas la ſiſte.   Et auſſy la
partie graue aura meilleure grace de monter de la neufieſme note à la diſieſme
par une tierce, que de proferer une ſemblable note. Car encores que la partie
ſuperieure deſcende quelquefois, & ſeruc de Baſſe à lautre partie, cela n' impor-
te pas de beaucoup, pourueu que cela ſe face auec une bonne modulation.
Et quand à la compoſition, qui ſe joue ſur les Orgues ou l'Eſpinette, ces conſi-
derations dernieres ſeroient de nul effect, d'autant que les parties du Contrepoint ne ſont pas diuiſées, & auſſy que leſdits inſtruments eſtans deſia acordées
par iuſtes interualles, l'on ne pourroit faillir à entonner ledit Contrepoint, quelque difficile qu'il fut.

CHAPITRE XXVII.

L E Movvement par ſaut, qu'il ſe fait d'une note à l'autre, comme
de quartes, quintes, octaues, & ſpecialement ſiſtes, n'ont point de
grace, quand elles ſont ſouuent reiterées.   Et ſur tout il ne faut
faire aucun ſaut au deſſus ny deſſoubs l'eſtendue de l'octaue.   Ie
mettray icy de trois ſortes deſdits ſauts. Sçauoir le premier exemple
eſt de ceux, deſquels il ne faudra uſer en aucune façon , au Contrepoint de note
contre note. Et au ſecond exemple ſeront ceux, qui faudra uſer quelquefois, & peu
ſouuent. Et au troiſieſme ſeront ceux, qui ſont tresbons, deſquels l'on ſe ſeruira
au Con-

Premier exemple des mouuements rudes & mauuais, lesquels il faut efuiter au Contrepoint.

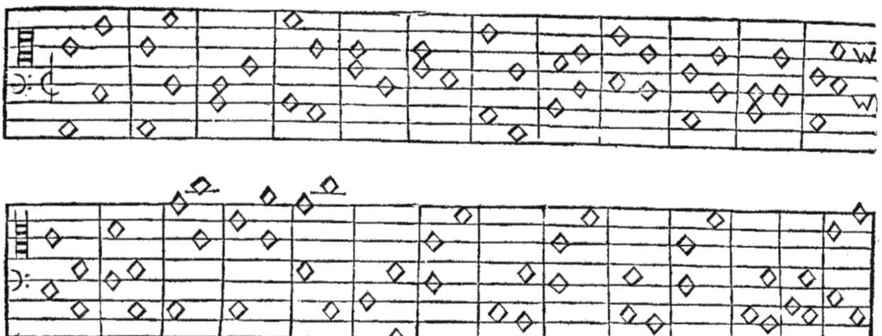

Deuxiesme exemple des mouuements, lesquels peuuent eftre
fuportables au Contrepoint. Mais il n'en
faut gueres ufer.

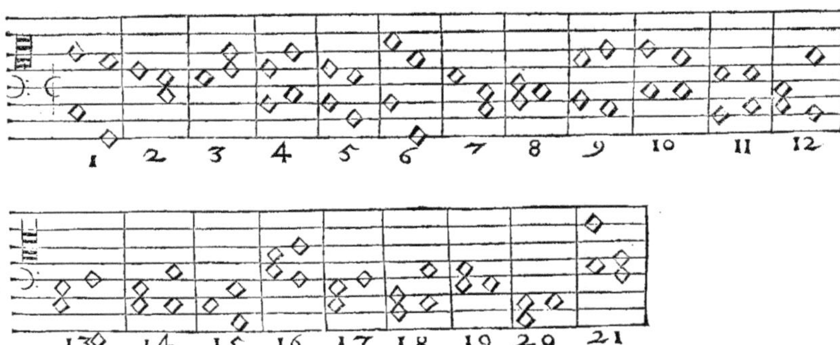

Troifiesme exemple des mouuements, lesquels font les meilleurs pour ufer au Contrepoint.

au Contrepoint. Car ils donneront quelque grace audit Contrepoint de note
contre note.   Mais quand il y aura trois ou quatre , ou dauantage de parties,
il faudra par neceffité ufer des deux premiers exemples quelquefois , mais peu
fouuent; & faut prendre guarde de chercher toufiours à mettre les Confonnantes voifines l'une apres l'autre.   Comme quand l'on voudra monter d'une fifte
à l'octaue, il fera meilleur, que la fifte foit maior (comme il fe peut voir au neu-
fiefme mouuement du troifiesme exemple) que non pas minor. Car fy ladite
fifte eftoit minor, & que la partie aigue montaft un ton, il faudroit que la baffe
defcendift auffy un ton , pour fe trouuer à l'octaue : ce qu'il feroit fort rude ,
comme la pratique le peut montrer.   Mais autrement, fy ladite fifte eft maior,

E 3

l'une desdites parties fera un femy ton, contre l'autre un ton. Ce qui aura beaucoup meilleure grace, d'autant que la bonne harmonie fe fait de chofes in-
efgualles.		Et aufſy faudra bien prendre guarde, quand l'on voudra venir de la
fifte à la quinte, ou au contraire de la quinte à la fifte , de faire que ladite fifte
ſoit minor; comme il fe peut voir au 4. 5. 10. & 11. mouuement du troifiefme
exemple. Et ce d'autant, qu'elle eſt plus voiſine de ladite quinte que non pas la
maior.		Et aufſy, quand l'on voudra venir de la tierce à l'octaue, il ſera meil-
leur, que ce ſoit une tierce maior; comme il ſe peut voir au 12. & 13ᶦᵉˢᵐᵉ mou-
uements de la 3ᶦᵉᵐᵉ exemple.		Mais quand de la tierce l'on ueut uenir à la
quinte, ſi l'une des parties reïtere la mefme note, alors il ſera meilleur, que ladite tierce ſoit maior; comme il ſe peut voir aus 14. & 15ᶦᵉˢᵐᵉ mouuements de
la troifiefme exemple.		Mais quand les deux parties, l'une ſe hauſe d'un de-
gré, & l'autre s'abaiſſe d'un autre, alors il eſt neceſſaire, que ladite tierce ſoit
minor; comme il ſe peut voir au ſeiſiefme mouuement du troifiefme exemple.
Et aufſy il ſera bon, que ladite tierce ſoit minor, quand toutes les deux parties
montent l'une par ſaut , & l'autre d'un degré; comme il ſe peut voir au 18ᶦᵉˢᵐᵉ
mouuement de la 3ᶦᵉˢᵐᵉ exemple.		Et quand de la tierce l'on voudra venir à
l'unifon, comme il ſe peut voir au 8ᶦᵉˢᵐᵉ 19ᶦᵉˢᵐᵉ & 20ᶦᵉˢᵐᵉ mouuement du 3ᶦᵉˢᵐᵉ
exemple, ſçauoir l'une partie montant & l'autre defcendant, ou bien quand l'une
partie reïtere la mefme note, & que l'autre ſaute deux degrés, alors ladite tierce
ſera minor. Et au contraire elle ſera maior, ſi les deux parties montent ou defcendent enſemble; comme au 7. & 17ᶦᵉˢᵐᵉ mouuement du 3ᶦᵉˢᵐᵉ exemple.
Et quand de la fifte l'on voudra tomber ſur la tierce, il ſera meilleur, ſy ladite
fifte eſt maior, de tomber ſur la tierce maior; comme il ſe peut voir au 21ᶦᵉˢᵐᵉ
mouuement du 3ᶦᵉˢᵐᵉ exemple.		I'ay mis icy encores pluſieurs fort bons
mouuements, pour tomber de la fifte en la tierce, quand il ne viendra à propos
de paſſer de la fifte à l'octaue ou à la quinte .		Et faut noter, que tout ce
qui eſt dit desdites conſonnantes Simples, propres pour le Contrepoint de note
contre note , ſe peut encores conſiderer aux conſonnantes Doubles. Mais le
danger ne ſera pas ſy grand d'uſer d'aucuns mouuements, compris au premier
& ſecond exemple, quand il y aura 3. ou 4. ou dauantage de parties, d'autant
que ceſte rudeſſe eſt excuſée par la quantité desdites parties .

Mouuements pour paſſer de la fifte à la tierce & double tierce;
lequel eſt fort bon & aiſé au Contrepoint.

CHAPITRE XXVIII.

*D'aucuns paſſages prohibées au Contrepoint, à
deux vois de notes diminuées.*

APRES

APRES QVE l'on aura eu bonne cognoiſſance du Contrepoint Sim-
ple de note contre note, l'on pourra venir à la Compoſition du Di-
minué, ceſt à dire de celuy qui ſe fait par notes inesgualles.   Premierement il ſera beſoïng de donner cognoiſſance de ce qui doibt
eſtre du tout & en partie prohibé audit Contrepoint.   Puis nous
viendrons à parler de ce qui peut aporter quelque grace.   Il a eſté monſtré
au chap. V. comme les conſonnantes parfaites, compris l'uniſon, ne doibuent
monter ny deſcendre enſemble: & d'autant qu'il ſembleroit que par la diminu-
tion que pourroit faire une des parties contre l'autre, que ceſt accident ſe cor-
romproit, ceſt pourquoy ie mettray icy quelques paſſages du tout prohibées au
Contrepoint de deux parties, dont nous parlons maintenant, lesquels ne s'uſe-
ront du tout point, d'autant quelles contreuiennent à la bonne harmonie, la-

Paſages du tout pro-
hibées.

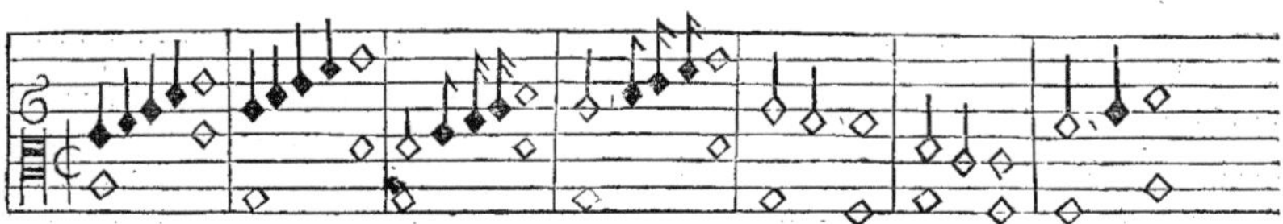

quelle veut eſtre de diuers mouuements & non de ſemblables.   L'on pourroit dire, que le retardement que fait la pauſe d'une minime, ou bien l'auance-
ment que fait le mouuement d'une partie, pourroit interrompre ce mouuement.
Il eſt bien uray, que ledit mouuement eſt interrompu.   Mais ce n'eſt que du
leuer de la main.   Car en la r'abaiſant, on trouue ce mauuais accident.
Quand aux paſages lesquels ne ſont du tout prohibées, i'en mettray icy quelques exemples, lesquelles tant en montant comme en deſcendant, ne ſont pas

Paſages, lesquels ne ſont pas fort bons au
Contrepoint à deux vois.

bons de trop en uſer, ſy ce n'eſt par la contrainte, que l'on ſeroit à faire une
Fuge, comme ſera enſeigné par cy aprés.

CHAPI-

CHAPITRE XXIX.

Comme l'on doibt compoſer le Contrepoint
à deux vois de notes Di-
minuées .

POVR VENIR donques à la Compoſition, qui ſe fait du Contrepoint à deux vois diminuées ; apres que le ſubiect ſera donné, il faudra reguarder la Mode, dont eſt ledit ſubiect; puis faire une Compoſition de conſonnantes compriſes en ladite Mode ; & s'efforcer de tout à faire que ledit Contrepoint ſuiue le ſubiect par aucuns ſemblables paſſages, ou modulations, dites autrement Fuges. Ce qui ſera aiſé à faire, ſy l'on fait un ſubiect bien à propos.   Nous donnerons icy quelques exemples de ſemblables Compoſitions.   Soit donques le ſubiect ſuiuant, ſur lequel l'on deſire faire un Contrepoint (premierement pour la facilité de celuy, qui ſeroit des plus pratiquées à cognoiſtre les degrés des notes) l'on mettra ledit ſubiect entre les huit lignes, comme les precedents.   Apres faudra voir, de qu'elle Mode il eſt. Ce qui ſe cognoiſtra par la derniere note.   Car comme a eſté dit par cy deuant, elle doibt touſiours eſtre la note graue de la Diapente de ſa Mode : dont l'on peut voir, que l'eſtendue des notes dudit ſubiect ſont contenus au Diapaſon de C. ſol, fa, ut; & que la derniere note eſt en F. fa, ut. ce qui donne à cognoiſtre, que ledit ſubiect eſt de la huitieſme Mode.   Et quand

Con.

Contrepoint qui a esté fait par cy deuant, il a esté composé en sorte, qu'il tiend
la partie Haute sur le subiect.   Mais à present nous monstrerons à composer en
sorte, que ledit subiect tienne la partie Haute, tellement que la partie à faire sera
la partie Basse.   Or d'autant, que comme i'ay dit, ce qui apporte une grande
grace au Contrepoint, sont les Fuges, l'on commencera donques à la Basse, faisant arrester le subiect deux pauses, pour apres suiure les quatre premieres notes, auec la mesme modulation ; mais chacune une quinte plus haut.   Et ainsy
l'on poursuiura, prenant tousiours guarde, qu'il ne se rencontre de faus accords
ou des passages du tout prohibées.   Et quand aux passages, qui sont faits
auec les Noires, comme il se peut voir au 7. 8. 9. & 10ᶦᵉˢᵐᵉ mesure, il suffit,
que la premiere soit Consonnante contre une Minime, pourueu que la deuxiesme
Noire suiue la premiere au prochain degré, haufant, ou baifant.   Mais quand
quatre desdites Noires sont composées contre une Semibreue, il faut que la
premiere & troisiesme soient Consonnantes contre ladite Semybrefue.   Et sy
la seconde & quatriesme sont Dissonnantes, cela ne fait tord à l'harmonie ;
d'autant que lesdites Noires passent d'un mouuement viste.   Quand aus
Siftes & Septiesmes, qui sont aus 21. 22. 23. & 24ᶦᵉˢᵐᵉˢ mesures, d'autant que
lesdites septiesmes sont syncopées (& les demies cercles, que l'on void au dessus des Minimes, signifient que lesdites Siftes sont iointes ensemble en Semybre-
fues. car pour donner ladite composition plus facile à entendre, i'ay tiré des
barres entre chacune mesure) elles peuuent passer en la Composition : comme
i'en donneray par cy apres d'autres exemples plus au long.   Ainsy apres
que l'on aura tout composé ladite Basse, on la mettra en son particulier au dessoubs du Contrepoiot.   Et faut noter, que sy ce subiect estoit chanté par b.
mol, il auroit la mesme modulation (sy ce n'est en une note ou deux) que
estant chanté par ♮ quarré.   Car la notte qui est affise en C. sol, fa, ut, au subi-
iect, sy elle estoit par b. mol, il la faudroit prononcer un sol contre le fa, de F.
fa, ut, de la partie Basse.

CHAPITRE XXX.

Autre composition à deux vois: Et d'aucunes
obseruances en iceluy.

I'AY MIS encores ycy une autre Composition à deux vois, laquelle
se commence aussy par une Fuge.   Mais le Tenor est le guide, &
la Basse suit, apres auoir fait deux pauses & demie.   Il se peut voir
icy, que la quatriesme note aigue est notée auec Feintes.   Ce qui
est fait pour deux raisons.   La premiere, pour estre une fiste
maior en suite de l'octaue, qui la precede, & de celle qui va apres ; comme a
esté enseigné au 27ᶦᵉˢᵐᵉ chap.   Et la deuxiesme raison est, à celle fin que la
Basse suiue la guide auec mesme modulation. Car encores que ceste Fuge est
à la quinte, comme la precedente, les deux parties pourtant ne prononcent pas
les mesmes notes. Car le my de ♮. my se rencontre en la partie contre F. fa,
ut, de la partie Haute. qui est cause, que l'on montera ledit F. fa, ut, en sa
Feinte.   Apres il y a encores une autre Feinte (en la partie Haute de la 15ᶦᵉˢᵐᵉ
mesure) à une tierce, laquelle par le moyen de ladite Feinte est rendue Maior.

Et ce à cause qu'une quinte precede ladite tierce. Et specialement ladite tierce est mauuaise, quand apres ladite quinte, la partie de Bas se hause d'un ton,

SVBIECT DE LA 9iesme MODE.

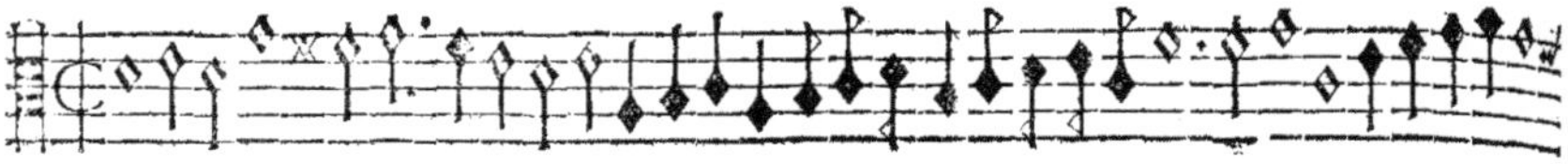

TENOR.

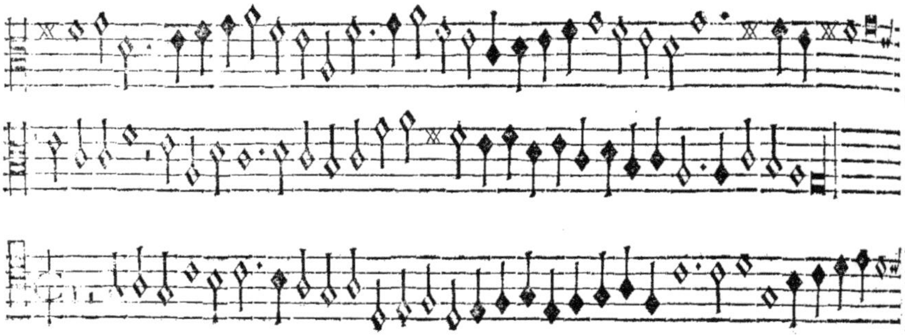

BASSE.

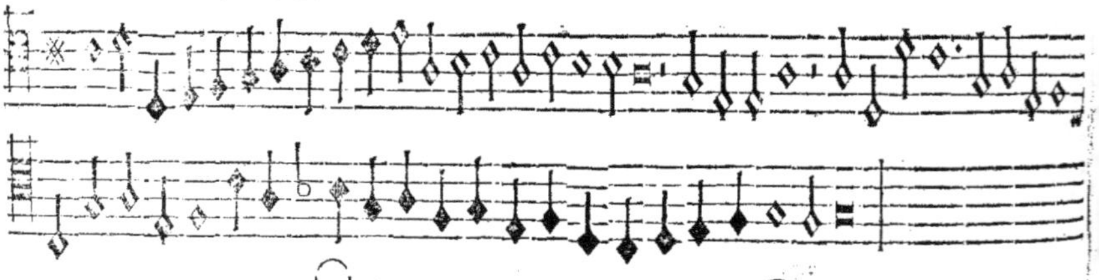

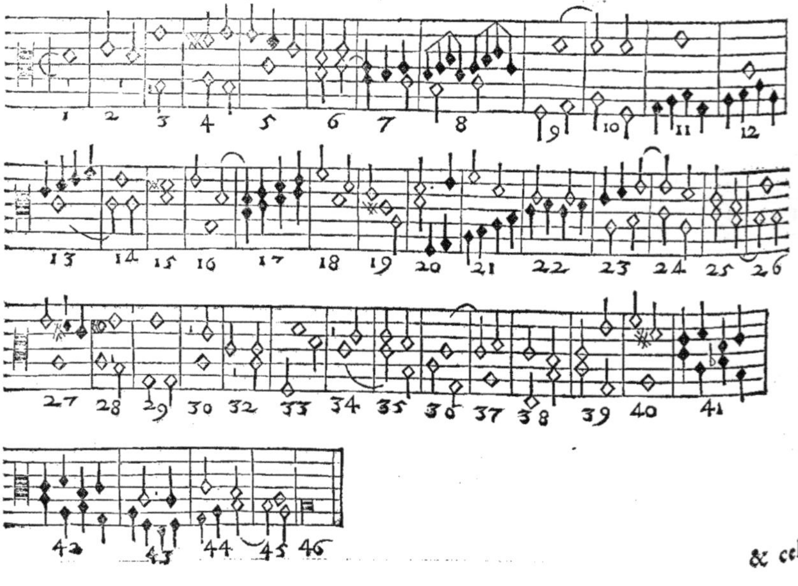

& celle de haut s'abaisse aussy d'un ton; comme a esté aussy monstré au 27^{iesme} chap.   Le mesme accident est en la dishuitiesme mesure.   Car il y a deux noires, qui sont les quatriesmes de la 17^{iesme} mesure, lesquelles sont une tierce minor deuant ladite quinte de la huitiesme mesure.   Ce qui seroit remedié, n'estoit le respect, qu'il faut auoir à la modulation, qu'il faut faire tenir à ladite Basse, comme le Tenor la faite quatre mesures auparauant.   Car autrement, sy on faisoit une Feinte à ladite tierce en la note de Bas, la consequente ne respondroit à la Guide : et sy on faisoit ladite Feinte en la note de haut, les autres tierces ne correspondroient pas bien ensemble.   Il est bien uray, que l'on pourroit bien mettre un autre accord en la partie haute, & ne point tomber en ceste contrainte.   Mais la raison, pourquoy ceste Composition est ainsy, est pour monstrer que l'on peut prendre quelquefois une licence non prohibée, & speciallement aus notes, lesquelles ne s'arrestent point comme les Noires & Crochets.   Quand aux Dissonnantes, lesquelles sont ycy meslées, comme il se peut voir en la neufiesme mesure d'une neufiesme, elle peut passer estant sincopée de ceste façon : comme aussy une septiesme, qui est en la 27^{iesme} mesure; & la deuxiesme, qui est en la quarante cinquiesme mesure.   Car (comme a esté dit en la precedente) le demy cercle, qui est sur les deux notes, signifie que lesdites deux notes ne sont qu'une.   Et ce qu'elles sont icy separées, est à cause de la partition des mesures.   Mais quand l'on met les parties chacun en particulier, alors au lieu de la seconde notte l'on aiouste un point à la premiere.   Il y a encores quelques autres accords en ceste Composition, lesquels on pourroit dire estre prohibées : comme en la trente & deuxiesme, & trente troisiesme mesure.   Cest pourquoy lesdites tierces sont licentiées, & en semblables occasions de Fuges il sera plustost donné aucunes licenses, que quand il n'y a nulle ocasion.   Et sy l'on vouloit oster quelquefois ses petites licences, l'on osteroit la grace de la modulation.   Comme il se peut voir en la trente neufiesme mesure : ou l'on monte encores de la tierce minor en la disiesme minor: & sy l'on vouloit faire, que ladite disiesme fut maior par le moyen d'une Feinte, ne bougeant lesdites notes de leurs places, alors il faudroit, ou que la partie Basse, qui chante à present une quarte, chantast le triton, qui est une fort mauuaise modulation, ou bien que la partie de Haut monstast un demy ton plus haut, qui seroit une siste minor, qui n'est pas sy agreable modulation comme la Diapente.   Ainsy en semblables occasions l'on aura tousiours esguard de deux maus choisir le moindre.

CHAPITRE XXXI.

De la Fuge Continue.

CESTE SORTE de Contrepoint, comme a esté dit en la vint cinquiesme Definition, est apelée d'aucuns modernes CANON.   Mais pour les raisons dites en ladite Definition nous l'apellerons Fuge Continue.   Nous donnerons icy la maniere, comme il faut faire lesdites Fuges, en ce prochain exemple.   Soient premierement posées les notes comprises aux trois premieres mesures, selon la Mode que l'on

voudra auoir ladite Fuge.   Apres, fy l'on veut fafre ladite Fuge à Vnifon,
l'on pofera les mesmes notes, commencant à la quatriesme mefure, & finiront
en la fifiesme.   Apres deffus lesdites notes de la deuxiesme partie, dite Confequente, l'on continuera le fubiect, autrement dit Guide, en forte qui foit fait
de bonnes confonnantes, contre la Confequente, iufques à ladite fifiesme mefure.   Et apres les mesmes notes, qui font en la partie dite Guide, depuis la
quatriesme mefure iufques à la fifiesme, on les mettra en la Confequente, depuis

la feptiesme mefure iufques à la neufiesme.   Et apres l'on fournira ladite
partie (dite Confequente) de Confonnantes, depuis la feptiesme mefure iufques
à la neufiesme.   Et ainfy l'on continuera, faifant toufiours trois mefures
l'une apres l'autre, iufques à ce que l'on vienne aux trois mefures dernieres: ou
il faut que le Guide foit en Confonnante auec les trois dernieres de la Confequente, & auffy auec les notes comprifes au trois premieres mefures: & ce
d'autant, que quand la Confequente vient à chanter lesdites notes, que le Guide
puiffe (recommencant la Fuge) eftre en Confonnante auec.   Ainfy voilà
comme l'on procedera à faire lesdites Fuges.   Et à celle fin, de donner la cognoiffance à la Confequente, quand elle doibt commencer, l'on fera une marque,
comme

comme il se peut voir en la septiesme note; laquelle signifie, que quand le Guide
vient à arriuer en ceste note, qu'il faut que la Consequente commence.   I'ay
encores mis icy vne desdites Fuges, laquelle se doibt chanter par la Consequente, vne Diapente plus haut que le Guide.   Telles Fuges se composeront enco-

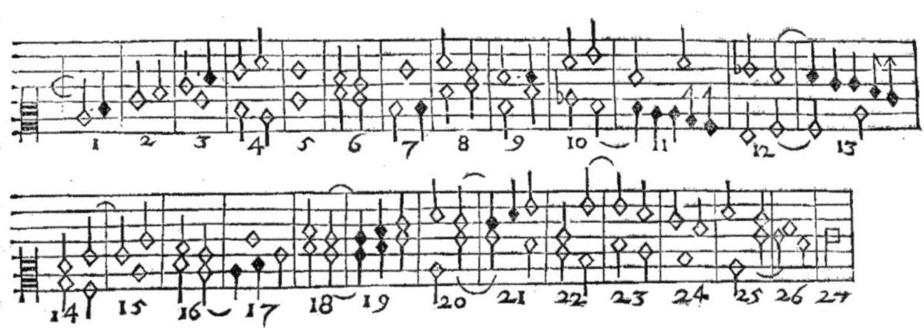

res comme la precedente.   Mais icy en la troisiesme mesure la Consequente
commence.   Il s'en peut encores faire de plusieurs sortes. Mais pour les
fournir tousiours de bonnes consonnantes, il faudra faire en sorte que l'on n'a-
uance point le Guide dauantage que la distance de l'interualle des mesures des
deux parties.   Comme par exemple, en ceste derniere Fuge, la Guide auance
la Consequente de deux mesures.   Il faudra donques, apres que deux mesures
seront faites à la Consequente, faire le Contrepoint dessus.   Il y a encores

un aduertissement, qui doibt estre fait. C'est que l'on doibt auancer le Guide de
la Fuge au moins de deux mesures, & au plus de quatre, à celle fin de donner une
agreable modulation aux parties.   Car sy elles se suiuent de plus pres, elles ne
s'entendront point l'un l'autre. Et s'il y a une plus grande distance, la memoire
de la modulation passée se perd.

CHAPITRE XXXII.

De la Composition à trois parties.

APRESQVE l'on aura eu cognoissance du Contrepoint à deux parties, l'on viendra à celuy de trois.   Lequel se composera auec les
mesmes consonnantes, comme celuy à deux.   Mais il y a plus d'obseruations.   Les noms des parties seront, Basse pour la partie
graue, Tenor, ou Taille, pour la moyenne, & Superius, ou Dessus,
pour la parte aigue.   Le subiect, sur lequel les autres parties se compose-

feront, fe fera ordinairement au Tenor, quand ceft pour compofer Motets, Chanfons, ou Madrigals.   Mais fy ceft un air François, ordinairement le fubiect fe fait fur le Deffus.   Et faut que ledit fubiect foit curieufement compofé d'une Mode conuenable à la parolle, & faire que les autres parties reïterent fouuent la modulation dudit fubiect, foit en guidant, ou bien en le fuiuant. En oultre il faut prendre guarde de fournir les parties de Confonnantes felon ledit fubiect. S'il eft gay, d'y mettre force Ditons, lefquels fe mettront en cefte forte :   Sy le Tenor eft Diapafon contre la Baffe, le Deffus fera Diton conrre le Tenor : Et fy le Deffus eft Diapente contre la Baffe, le Tenor fera Diton contre ladite Baffe :   Et auffy, quand l'on y mettra l'Hexacorde, que ce foit pluftoft la maior que la minor. Non pas que ces reigles foient generalles. Car cefte contrainte donneroit trop de peine, & quelquefois aporteroit une dureté en la Mufique.   I'ay mis icy quelques exemples compofées à trois parties par Petro Filippi, ou les natures de la premiere, troifiesme, & cinquiesme Mode, font tresbien obferuées.   Et fy l'on defire de voir dauantage d'exemples des autres Modes, on les trouuera au trois & quatriesme liure de l'Inftitution de Zarlin.

TRIO DE LA PREMIERE MODE.

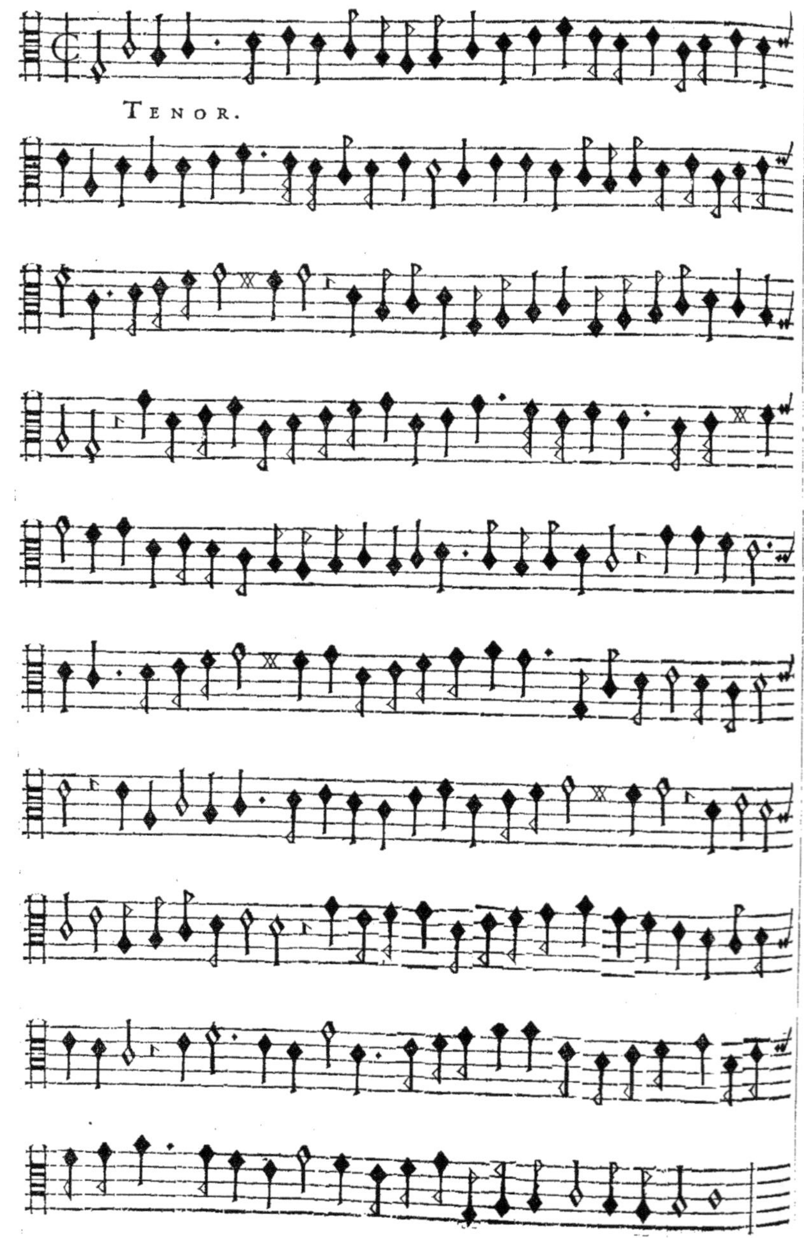
TENOR.

G

Pietri Fillippi.

TRIO DE LA TROISIESME MODE.

TENOR.

BASSE.

TRIO DE LA CINQVIESME
MODE.

TENOR.

BASSE.

CHAPITRE XXXIII.

De la Composition à Quatre parties.

L A Composition, qui se fait à Quatre parties, sera fort facille à cognoistre, apres que l'on aura eu cognoissance de celle à Trois. Il y a beaucoup de choses à obseruer, lesquelles ne se peuuent toutes donner par escrit. Car ceste science de Composition est requise specialement à ceux qui se meslent de la pratique de chanter auec la vois: en laquelle pratique il y a tant d'obseruations, qu'il sera plus facile de les apprendre en les pratiquans, que non pas par escrit. Et quand à ce qui a esté dit en la Composition de deux vois, qu'il est bon que les parties aillent souuent par mouuements contraires, c'est à dire, quand la Basse se hausse, que le Superius s'abaisse, ou au contraire, cela ne peut estre obserué icy. Car il faut le plus souuent, que deux parties montent ensemble, ou quelquefois trois, contre les autres qui descendent. Mais sur tout, il faut bien prendre guarde, que lesdites parties ne montent ny descendent par Consonnantes semblables, & speciallement parfaites, comme a esté monstré par cy deuant. Il sera bon aussy, que les parties ne s'eslonguent pas beaucoup les unes des aultres, en sorte que les extremitéz, sçauoir depuis la plus basse notte iusques à la plus haute, ne passe la disseptiesme. Sur toutes choses il faut bien reguarder à faire que toutes les parties soient d'un chant facille & agreable ; & que suiuant le subiect de la parolle l'on puisse faire election d'une Mode conuenable à icelle, pour faire chanter le Tenor, lequel ordinairement est le subiect sur lequel les autres parties se composent, la Basse sera aussy de la mesme Mode comme le Tenor. Mais le Superius & le Contratenor seront de la prochaine Mode. Comme par exemple. Sy le Tenor & la Basse sont de la premiere, le Superius & le Contratenor seront de la seconde. Et au contraire, sy le Tenor & la Basse sont de la seconde, le Superius & le Contratenor seront de la premiere. Et ainsy des autres. Mais la Basse sera Diapason plus bas que le Tenor, aux cadences: & le Contratenor un Diapason plus bas que le Superius : non pas que ce soit une reigle generalle. Car quelquefois le Superius a meilleure grace aux cadences d'estre mis en la disiesme ou diseptiesme contre la Basse & le Tenor. La grande quantité de bonnes exemples, que l'on trouuera aux œuures de du Conroy & de Claudin le Ieune, & plusieurs autres bons Compositeurs, donneront facile cognoissance au studieux de ladite Composition, comme il se debuera conduire en la Disposition des parties.

CHAPITRE XXXIIII.

De la Composition à Cinq & à Sis parties.

L A Composition, qui se fait à plus de quatre parties, se fait par redoublement de Consonnantes. Car l'on ne peut auoir que quatre parties differentes de Consonnantes Simples. Cest pourquoy la cinquiesme partie sera cause, que une des autres, ou bien la mesme, sera en double proportion, ou bien à unison. Il sera aussy necessaire de donner quelque peu de distance dauantage, entre la partie Basse & l'aigue, quand l'on compose à cinq ou à ſis, que ſy ce n'eſtoit qu'à quatre. Aulcuns font la cinquieſme partie une ſeconde Baſſe, aucuns un Tenor, aucuns un Superius. Cela eſt indifferent. L'on doibt auſſy auoir esguard de faire dauantage de Pauſes aus parties, quand il y en a plus de quatre. Car lesdites Pauſes donnent beaucoup de grace à la Muſique qui ſe fait auec la vois.

CHAPITRE XXXV.

De la façon, comme l'on doibt gouuerner la vois en chantant.

A FAÇON de muer la vois par paſſages (autrement dites Tirades) du ſon graue à l'aigu, ou de l'aigu au graue, ſe fait diuerſement, Et ſemble, que chacune nation aye ſa façon particuliere. Ce qui ſe peut prouuer de ceſte façon. Sy l'on donne une certaine piece de Muſique à chanter à un Italien, il le chantera d'une autre façon que ne fera le François. L'Espagnol aura auſſy une façon toute autre, & auſſy l'Alemand. Et chacun penſe que ſa façon eſt meilleure. Ceſte diuerſité vient à cauſe de la muance de la vois, en faiſants lesdites Tirades d'un ſon à l'autre par petites interualles, ou Tirades, lesquelles il faut faire auec un grand iugement, & venir tomber incontinent ſur une bonne Conſonnante, pour ſatisfaire à l'ouye. Car lesdites Tirades ſont remplis de Diſſonnantes. La Baſſe fera touſiours ſes modulations ſtables, ſans varier ny haut ny bas, d'autant que c'eſt ſur icelle, que toutes les autres parties ſe fondent. Il ſera bon auſſy, que lesdites parties au deſſus de la Baſſe, facent leurs Tirades, l'un apres l'autre, & non toutes enſemble. La façon uſitée en France à faire lesdites Tirades eſt fort propre en choſes gayes. Mais s'y l'on veut chanter quelque air, ou le ſubiect ſoit lamentable, alors la façon uſitée en Italie ou en Eſpaigne ſera plus propre.

CHAPITRE XXXVI.

De Inſtruments de Muſique ſtables.

VAND A LA Muſique qui ſe fait auec les Inſtruments ſtables, l'on ny peut pas obſeruer du tout les paſſages, comme la vois les profere. La raiſon eſt, que lesdits Inſtruments ont tous leurs ſons arreſtées, chacun en une certaine hauteur. Les Orgues, Eſpinettes & Harpes, ſont de ce genre, d'autant que quand ils ſont d'accord, & que l'on vient à jouer deſſus, l'on ne peut en aucune façon faire muer les interualles de tons, ou ſemitons: d'autant que tous lesdits ſons ſont tous areſtées d'accord enſemble. Ce qui cauſe une Muſique pleine & ſans grande Artifice. Toutefois aucuns ſçauent ſi bien manier lesdits Inſtruments, en tremblans les deux ſons d'un ſemyton, que cela apporte une grande delicateſſe à l'ouye.

CHAPITRE XXXVII.

Des Inſtruments de Muſique, qui ſont en partie ſtables.

IL Y A

IL Y A d'autres Inftruments, comme les Violes, le Lut, Guiternes, Cithre, & femblables, dont les interualles des fons font arreftées auec des Touches, lesquels font en partie ftables, & en partie mua-bles. La raifon eft, qu'en iouant desdits Inftruments l'on peut faire quelques tremblemens fur les Touches, en montant ou defcen-dant, en forte que cela apporte une grande douceur à l'ouye. Mais neau-moins les Tirades & tremblements de la vois font beaucoup plus parfaits, la-quelle n'eft arreftée d'aucune touche, ains prononce la Confonnante en fa plaine perfection. Et mesmement il n'eft pas poffible de faire, que lesdites Touches foient toutes placées felon la mefure demonftrée au Monochordes de la pre-miere partie de cefte Inftitution.

CHAPITRE XXXVIII.

Des Inftruments de Mufique muables.

LA TROISIESME efpece d'Inftruments de Mufique font ceux qui font muables, lesquels ne font fubiects à aucunes touches: & s'ils font graduées d'aucunes, neaumoints ils peuuent fonner ou plus haut ou plus bas. Comme par exemple, les Cornets, Flutes, & Haubois, font graduées de trous, qui donnent une certaine mefure aus fons. Neaumoins ceux qui fçauent bien manier lesdits Inftruments, peuuent les haufer ou baifer à leurs plaifir, par le moyen des doibs, qui bou-chent lesdits trous peu à peu felon la volonté du Ioueur. Mais les Violons paffent en ce fubiect tous les autres Inftruments, d'autant qu'ils ne font fub-iects à aucunes touches. Et peut on haufer ou baifer le fon felon la volonté du Ioueur, non pas feulement du graue à l'aigu, ou de l'aigu au graue: mais les fons font rendus plus forts ou plus foibles. Les Orgues ny Efpinettes ne peuuent auoir ces effects: ains il faut, que les fons fonnent efguallement forts. Mais les autres, comme Cornets & Fleutes, le peuuent rendre plus forts ou plus foibles à plaifir, mesmement le Lut, Violes & Violons.

CHAPITRE XXXIX.

Des Inftruments de Mufique, qui fe peuuent accommoder enfemble pour un concert de Mufique.

TOVS LES Inftruments de Mufique en general, qui font muables & non arreftées de touches, fe peuuent mefler fort agreablement auec les vois. Mais ceux qui font arreftées desdites touches, com-me les Luts & Violes & autres femblables, ne peuuent faire leurs accords auec la vois fy exactement. La raifon eft, que les tou-ches, dont ils font graduées, font eflongnées par interualles de femytons exgaus, qui ne font directement mefurées felon la proportion Harmonique. Comme il fe peut voir aus Siftemes de la premiere partie de ce liure. Mais à caufe que le fon desdits Inftruments paffe affez vifte, & fpeciallement du Lut, les fautes ne font pas fi toft congneus. Mais fy des Orgues fonnoient directement com-me ledit Lut, la faute fe cognoiftroit grande. Quand aus dites Orgues, Efpin-

Eſpinettes, & Harpes, ils ſe peuuent mieux accommoder auec
les vois, encores que leurs ſons
ſoient ſtables. Mais les tons &
conſonnantes y ſont mieux diuiſées. Et de tous les Inſtruments
il ny en a pas un, qui veuille eſtre
accordé plus exactement que lesdites Orgues. Auſſy eſt ce le plus
parfait de tous les autres.   Et
ſy l'on deſire l'accompagner auec
les vois, il faut que ce ſoit auec les
regiſtres, dites Fleutes, & que le
plus gros tuyau, dit F. fa, ut, ſoit
de trois pieds bouché ou de ſis
pieds.   Les baſſes de Violes
ſont auſſy fort bonnes pour accompagner les vois. Les Cornets
ſont auſſy tresbons : & genera-
lement tous les Inſtruments, qui
ne ſont graduées de touches.

<h3 style="text-align:center">CHAP. XL.</h3>

*La façon d'augmenter le Clauier
des Orgues & Eſpinettes, en ſorte qu'on aura les diuiſions des
conſonnantes plus parfaites.*

EN LA 20ᵉˢᵐᵉ propoſi-
tion de la premiere
partie a eſté demon-
ſtré, comme les in-
terualles du Mono-
chorde de Ptolomée ne ſe peuuent accorder du tout auec la nature. Et pour ayder à ce defaut,
il y a deux cordes adiointes en
l'eſpace du Diapaſon, ſçauoir une
en D. la, ſol, ré, & l'autre en G.
ſol, re, ut, tellement que ſy l'on
veut auoir les conſonnantes des
Orgues ou Eſpinettes bien exactement accordées, il ſe trouuera,
qu'il ſera beſoing d'auoir deux
Feintes en chacun D. la, ſol, re :
ſçauoir une, laquelle repreſentera
le nombre 12960. qui eſt iuſtement Diateſſaron contre A. ré,
& Diapente contre A. la, my, ré :
        & l'au-

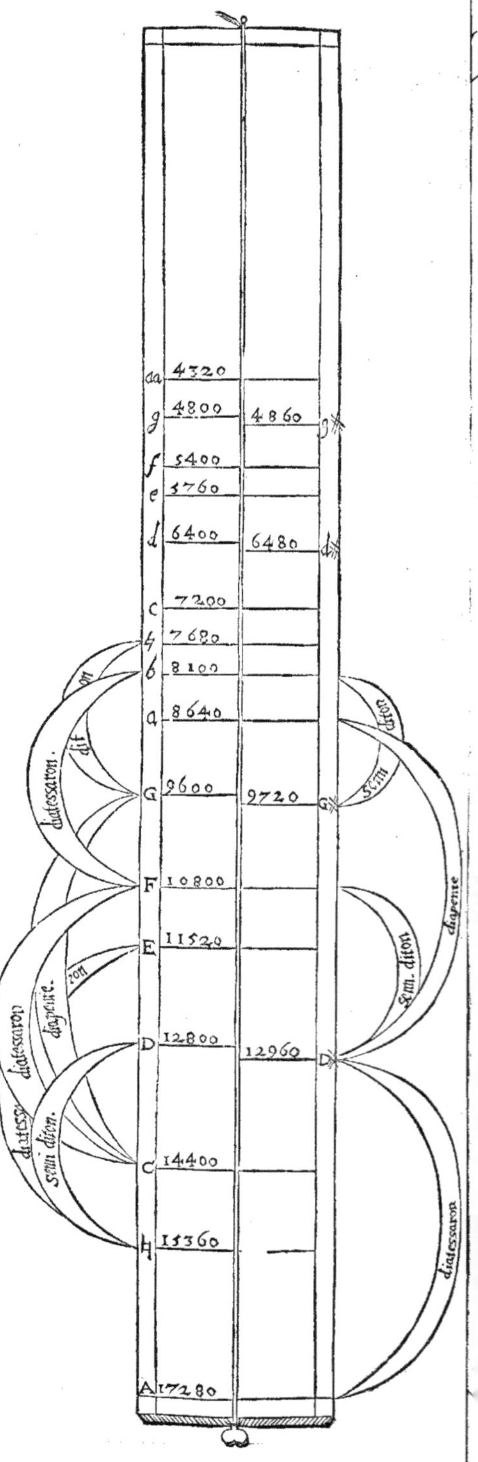

& l'autre fera la Feinte ordinaire ; & auffy il en faudra faire aultant en G. fol,
re, ut. Comme il fe peut clairement voir au prefent Monochorde au nombre
9710. Et ainfy en toutes les autres touches fonnans G. fol, re, ut. Et alors
l'on pourra auoir exactement les Diateffarons & Diapentes contre chacune touche. Autrement il a du manquement.

VOILA, bening Lecteur, tout ce qui fera enfeigné pour le prefent,
en ce traité, attendant que i'aye loifir de l'augmenter.
A DIEV foit honneur & Gloire
Eternellement.

TABLE DES CHAPITRES CONTENVES EN LA DEVXIESME PARTIE DE CE LIVRE.

CHAP. XXXIX.

*Des Inſtruments de Muſique, qui ſe peu-
uent accommoder enſemble pour un
concert de Muſique.*

CHAP. XL.

*La façon d'augmenter le Clauier des Or-
gues & Eſpinettes, en ſorte qu'on aura
les diuiſions des conſonnantes plus
parfaites.*

TABLE DES MATIERES REMARQVABLES
COMPRISES EN LA SECONDE PARTIE
DE CE LIVRE.

ERREVRS EN L'IMPRESSION.

Page.	Ligne.		Liſez.
2.	19.	noſtre douceur,	voſtre douceur
2.	26.	ceſt cauſé	eſt cauſé
2.	30.	prochain	Aiouſiez , (exemple
13.	23.	cinquieſme mode plagalle	cinquieſme mode Antentique

Page.	
11.	Les clefs de C. ſol, fa, ut, doibuent eſtre en la qua-trieſme ligne.
12.	La clef de C. ſol, fa, ut, qui eſt ſur la deuxieſme ligne, doibt eſtre ſur la quatrieſme.
17.	Les clefs de C. ſol, fa, ut, doibuent eſtre ſur la qua-trieſme.

www.ingramcontent.com/pod-product-compliance
Ingram Content Group UK Ltd.
Pitfield, Milton Keynes, MK11 3LW, UK
UKHW031845170726
13836UKWH00004B/1886